HARDY OELKE

FASZINATION WELTWEIT:
„MILLIONENPFERD“ QUARTER HORSE

KIERDORF VERLAG

Foto: Zwei Cowboys in der Big Bend Area in Südwesttexas beim Kontrollieren der Herden

ISBN 3-89118-100-0

Grafische Gestaltung:
Hardy Oelke
Alle Fotos, soweit nicht anders vermerkt, vom Verfasser
Schwarzweiß-Fotos von Foundation-Pferden sind Archivbilder

Ute Kierdorf Verlag
Gut Dohrgaul
D-51688 Wipperfürth
Tel.: 02267-4495, Fax -4458

1. Auflage 2000

HARDY OELKE

FASZINATION WELTWEIT: „MILLIONENPFERD“ QUARTER HORSE

KIERDORF VERLAG

Oben: Miss Cee Blair, auf der Ranch von Dick Pieper in Oklahoma. Diese Stute war selbst NRHA World Champion, hat hervorragend produziert und ist u. a. die Mutter von Cee Blair Sailor, der NRHA World Champion wurde und Unglaubliches geleistet hat als Reining-Pferd

Es heißt, „die Geschichte der Menschheit wurde auf dem Rücken der Pferde geschrieben", und dafür kann kein besseres Beispiel gefunden werden als der Beitrag, den das American Quarter Horse zur Kultur Amerikas geleistet hat. Ein Studium der Geschichte des American Quarter Horse erhöht nicht nur unsere Wertschätzung für diese Rasse, sondern für Pferde generell.

Das American Quarter Horse ist die erste bodenständige Pferderasse in den USA. Die Rasse entstand anfangs des 17. Jahrhunderts, als die Pferde, die in die Neue Welt gebracht worden waren, mit arabischen, türkischen und berberischen Pferden angepaart wurden. Diese Kombination resultierte in kompakten, stark bemuskelten Pferden, welche gezüchtet wurden, um der Leidenschaft der Kolonisten für das Kurzstreckenrennen zu entsprechen. Diese kraftvollen Tiere liefen über kurze Geradeausstrecken schneller als jedes andere Pferd, und die schnellsten wurden als „Celebrated American Quarter Running Horses" geehrt. Um 1690 waren große Renngewinnsummen, intensives Wetten, Meinungsverschiedenheiten und Kämpfe weitverbreitet bei Match-Rennen. Es wurde berichtet, daß große Plantagen aufgrund der Rennergebnisse ihre Besitzer gewechselt haben.

Die Ausdehnung nach Westen war nicht nur von vitaler Bedeutung für das Wachsen der United States, sondern auch eine entscheidende Zeit für die zunehmende Popularität des American Quarter

GELEITWORT

Horse. Während der 1800er Jahre wurden riesige Rinder-Ranches auf den Plains etabliert. Bekannt für seinen Cow Sense (die Fähigkeit, Rinder auszumanövrieren) und sein ruhiges Wesen, war das American Quarter Horse ideal für die Herausforderungen des Westens. Aus diesem Grund wurde das American Quarter Horse die bevorzugte Rasse des echten Cowboys.

Auch heute noch gehören eine starke Muskulatur und der Speed des Sprinters zu den charakteristischen Eigenschaften, aber die Rasse wurde spezialisiert, um in besonderen Disziplinen zu glänzen. Da es in allen erdenklichen Disziplinen konkurriert, von traditionellen Rodeo-Klassen wie Roping und Barrel Racing bis zu den hochentwickelten English Classes wie Dressur und Springen, wurde das American Quarter Horse zur vielseitigsten Rasse der Welt. Obwohl die Optionen für turniermäßiges Reiten fast grenzenlos sind, steht das erholsame Reiten in der Freizeit nach wie vor an erster Stelle bei den meisten Besitzern von American Quarter Horses.

Seit der Gründung der American Quarter Horse Association (AQHA) vor fast 60 Jahren haben die Züchter die Blutlinien des American Quarter Horse perfektioniert, um ein Pferd hoher Qualität und Vielseitigkeit zu produzieren. AQHA hat strenge Richtlinien bezüglich der Registration von American Quarter Horses. Das American Quarter Horse ist aus gutem Grund das beliebteste Pferd auf der Welt. Die Vielseitigkeit dieses begeisternden Pferdes macht es zum passenden Pferd für fast jede Aufgabe. Das American Quarter Horse wird nicht länger nur in den traditionellen Western Events, Rodeo und Rancharbeit eingesetzt, sondern kann auch in Klassen gesehen werden, die typischerweise von anderen Rassen dominiert wurden. Aber das American Quarter Horse ist genauso happy, wenn es in Klassen wie Reining, Cutting, Western Pleasure und Trail geritten wird.

„America's Horse" wurde zum größten Pferdestammbuch der Welt. Die internationalen Headquarters der AQHA sind in Amarillo, Texas, von wo aus dem Ruf der Welt nach einem guten Pferd seit 1940 entsprochen wird. Das Eintragungsregister wächst jedes Jahr weiter und die Association ebenfalls. Der Erfolg der AQHA wurde durch ein loyales Interesse der Pferdeszene unterstützt. AQHA hat sich dem wachsenden Interesse angepaßt und Programme zum besseren Verständnis des Verbandes und seiner Serviceleistungen entwickelt. AQHA ist in vieler Hinsicht gewachsen, und neue Programme erfüllen die Anforderungen der vielschichtigen Mitgliederschaft. AQHA bleibt an der Spitze der Pferdeindustrie.

Dieses Buch gibt Ihnen Einsicht in die unterschiedlichen reiterlichen und fahrerischen Aktivitäten, die Ihnen erlauben, die Vielseitigkeit des American Quarter Horse zu genießen. Wenn Sie Pferde erst kennenlernen, wird es Ihre grundlegenden Fragen beantworten. Es bringt Ihnen die wunderbare Welt der American Quarter Horses in prächtigen Farbfotos näher und informiert Sie über die Turnierklassen und die Stärken, die ein Pferd für die speziellen Klassen mitbringen muß.

Der beste Lehrer ist allerdings das Pferd selbst. Wenn Sie Pferde studieren lernen, werden Sie feststellen, daß das Pferd Ihnen alles erzählt – wenn Sie ihm Ihre Aufmerksamkeit schenken.

Oktober 1998

Cindy Perez
American Quarter Horse Association Communications Manager

VORWORT

Sehr geehrte Leserin,
sehr geehrter Leser,

Sie haben sich für ein Buch über die Rasse „Quarter Horse" entschieden. Ich freue mich sehr, daß dieses Buch erschienen ist und umfangreich und reichlich bebildert diese Pferderasse beschreibt.

Pferdebücher gibt es zwar viele, aber über die größte Pferderasse der Welt, wie ich meine, noch zu wenige.

Hardy Oelke weiß, von was er schreibt, denn er ist ein großer Kenner dieser Rasse und hat bei seinen vielen USA-Reisen die Welt der Quarter Horses als Ranchpferd und als vielseitigstes Reitpferd der Welt für Sportreiter und Überlandreiter kennengelernt wie bestimmt nur wenige.

Seit 1975, also seit immerhin 24 Jahren, gibt es in Deutschland die DQHA, die Deutsche Quarter Horse Association. Von einigen wenigen Gründungsmitgliedern ins Leben gerufen, hat dieser Westernreit- und Zuchtverband mittlerweile ca. 3.500 Mitglieder.

Inzwischen leben in Deutschland über 14.000 Quarter Horses, von denen einige Tausend „über den großen Teich" geflogen, also importiert wurden. Durch das Engagement vieler Züchter sind mittlerweile die Zahlen der in Deutschland geborenen Fohlenjahrgänge größer als die Anzahl der Importpferde. Die Qualität der in Deutschland gezüchteten Quarter Horses wird vom Mutterverband, der American Quarter Horse Association, bei vielen Gelegenheiten hoch gelobt.

Die Faszination „Westernreiten" hat nach wie vor beachtliche Zuwachszahlen. Dem damit verbundenen Informationsbedarf wird das neue Buch gerecht.

In vielen Gesprächen höre ich auf meine Frage: „Wissen Sie, was ein Quarter Horse ist?" als Antwort ein „Nein". Deshalb freue ich mich, wenn mit diesem Buch hier weitere Abhilfe geschaffen werden kann.

November 1998
Hans-Jürgen Förster
1. Vorsitzender Deutsche Quarter Horse Association (DQHA) 1995-1999

VORWORT

Vor 13 Jahren erschien die erste Ausgabe des nun neuverfaßten Buches. Viele Interessenten des Quarter Horses konnten sich mit seiner Hilfe erste und wichtige Informationen über diese Pferderasse holen.

Auch ich habe ein Exemplar vor 10 Jahren erworben. Ich habe das Buch verschlungen und immer wieder gelesen oder als Nachschlagewerk benutzt, als meine Liebe zu dieser Pferderasse erwachte.

Die Anzahl der Quarter Horses ist in Deutschland mittlerweile auf 20.000 Pferde angewachsen, und weltweit gibt es fast 4 Millionen Pferde dieser Rasse. Aus dem Bild des Pferdes in Freizeit und Sport ist es nicht mehr wegzudenken. Das Westernreiten hat sich als anerkannte Reitart gefestigt. Die Disziplin Reining ist als anerkannte Reitsportart vom IOC international aufgenommen worden. Keine andere Pferderasse gewinnt Jahr für Jahr so viele neue Freunde, nicht zuletzt wegen ihrer Vielseitigkeit und des ausgesprochen lieben Wesens.

Ich wünsche den Lesern viel Spaß bei der Lektüre und danke Hardy Oelke für die Neuverfassung des Buches.

Schon jetzt freue ich mich darauf, das neue Buch in Händen zu halten.

Marl, im Juni 2000
Dr. Georg-Amadeus Held
1. Vorsitzender Deutsche Quarter Horse Association (DQHA)

Eine schöne Quarter Horse Ranch im Süden von Utah

INHALT

DAS BELIEBTESTE PFERD DER WELT? 10
WIE LANGE GIBT ES SCHON QUARTER HORSES? 11
WIE SIEHT DER RASSETYP AUS? 15
IN WELCHEN FARBEN KOMMEN QUARTER HORSES VOR? 18
DIE FASZINIERENDE WELT DER QUARTER HORSES 20
Das Quarter Horse als Halter-Pferd 21
Das Quarter Horse als Western Pleasure-Pferd 22
Das ideale Western Pleasure-Pferd 23
Das Quarter Horse als Trail-Pferd 24
Das Quarter Horse als Reining-Pferd 26
Liebling der Zuschauer: das Reining-Pferd 28
Das Quarter Horse als Cutting-Pferd 30
Von Kühen besessen: das Cutting-Pferd 32
Das Quarter Horse als Reined Cow Horse 34
Das Quarter Horse als Roping-Pferd 36
Das Quarter Horse als Barrel Racer 39
Das Quarter Horse als Pole Bending-Pferd 41
Das Quarter Horse als Western Riding-Pferd 41
Das Quarter Horse als Spazier- und Wanderreitpferd 43
Das Quarter Horse als All-arounder 43
Das Quarter Horse als Ranchpferd 44
Das Quarter Horse als English-Reitpferd 48
Das Quarter Horse als Fahrpferd 49
Das Quarter Horse als Rennpferd 51
DIE WICHTIGSTEN QUARTER HORSE-VERERBER DES 19. JAHRHUNDERTS 54
DIE ERFOLGREICHSTEN QUARTER HORSE-VERERBER D. 20. JAHRHUNDERTS 56
DIE WICHTIGSTEN MODERNEN LINIENBEGRÜNDER 61
DAS QUARTER HORSE IN DEUTSCHLAND 69
DIE AMERICAN QUARTER HORSE ASSOCIATION 70
DAS SHOWING VON QUARTER HORSES 72
DIE AQHA SUPREME CHAMPIONS 76
PEDIGREES BEDEUTENDER VERERBER 78
BEDEUTENDE FOUNDATION QUARTER HORSE RANCHES UND ZÜCHTER 88
ANHANG 92

DAS BELIEBTESTE PFERD DER WELT

Das beliebteste Pferd der Welt? So kann man natürlich argumentieren. Denn wenn es mehr Quarter Horses gibt als sonst auf der ganzen Welt Pferde einer beliebigen anderen Rasse registriert sind, dann spricht das eine eindeutige Sprache. Es wird ja niemand gezwungen, ein Quarter Horse zu besitzen, zu reiten oder zu züchten. Und im Gegensatz zu manchen anderen Ländern gibt es in Amerika keine wie auch immer gearteten Umstände, welche den Menschen dort eine bestimmte Rasse aufdrängen, so daß sich das Quarter Horse bei seinem Siegeszug auf seine eigenen Qualitäten stützen mußte.

Ganz im Gegenteil – die Amerikaner haben die Qual der Wahl: Es stehen ihnen alle Möglichkeiten offen, sich Pferden verschiedenster Rassen und Herkünfte zuzuwenden, und viele tun ja auch genau das. In Amerika gibt es Rasseverbände zum Beispiel für Vollblüter, Araber, Traber usw., die zu den bedeutendsten auf der Erde zählen. Der Kontinent beherbergt außerdem eine Vielfalt anderer Pferderassen und -schläge, bodenständige und importierte, die kaum anderswo übertroffen werden dürfte. Und doch, die mit Abstand häufigste – und damit wohl auch die beliebteste – Rasse ist das American Quarter Horse. Weit über 3 Millionen eingetragene Pferde zählt die American Quarter Horse Association inzwischen, und die Rasse ist seit Jahren über den ganzen Erdball verbreitet.

Aber was ist es, wodurch das American Quarter Horse zur weltweit zahlenstärksten Rasse wurde? Waren es glückliche Umstände, war es ein aggressives Marketing, oder waren es die Eigenschaften der Pferde selbst, die Hunderttausende in der Neuen und der Alten Welt überzeugten?

Der Erfolg hat gewöhnlich viele Väter, und ein paar äußere Umstände waren wohl beteiligt an der unerreichten weltweiten Verbreitung der Quarter Horses. Ein aggressives Marketing gab es jedoch nicht, schon gar nicht ein weltweites. Die Initiative für die globale Verbreitung ging vom Ausland aus – man holte sich diese Pferde, weil man sie aus dem einen oder anderen Grund besitzen wollte, und man hatte dabei sogar so einige Hürden zu überwinden.

In Europa war es überwiegend die Faszination, die der sogenannte Wilde Westen ausübte, mit dem die Quarter Horses historisch verbunden sind. Diese Faszination scheint erst bei jüngeren Generationen nachgelassen zu haben. Da sich mittlerweile aber eine Westernreitszene in Deutschland und Europa etabliert hat, die für sich genommen schon interessant genug ist –

Das Quarter Horse ist für alles zu gebrauchen. Ob Rancharbeit (ganz oben), Spazierenreiten (oben) oder auch Springen (rechts) – immer ist man mit einem Quarter gut bedient

auch ohne Wild-West-Flair – und die vom Quarter Horse dominiert wird, ist für die Jüngeren ebenfalls ein, wenn auch anderer, Anreiz gegeben, sich diesen Pferden zuzuwenden.

Die Rasse Quarter Horse entstand in Amerika, und die äußeren Umstände, die ihren beispiellosen Aufstieg begünstigt, ja sogar ermöglicht haben, liegen darin, daß sie ihren Anfang in einem flächenmäßig sehr großen Land nahm und zu einer Zeit, als Pferdestärken noch nicht komplett durch Motoren ersetzt worden waren. Pferde wurden überall auf dem amerikanischen Kontinent gebraucht, für die Feldarbeit, für den Transport von Menschen und Gütern, zum Betreiben von Maschinen, für die Rinderarbeit und für den Freizeitspaß.

Die amerikanische Wirtschaft hat sicher auch ihre Talsohlen gehabt, aber letztlich waren die Amerikaner doch durch einen zunehmenden Wohlstand und durch Freizügigkeit gesegnet. Die ehemalige Sowjetunion zum Beispiel nahm ein noch größeres Gebiet ein, und der Bestand an Pferden ist dort noch immer beträchtlich, aber die Lebensumstände der Menschen waren dort einfach nicht derart, daß eine Hochzuchtrasse entstehen und sich durchsetzen konnte und daß sich um diese herum ohne wirtschaftliche Notwendigkeit eine ganze Industrie hätte entwickeln können. Trotz riesiger Gebiete und gigantischer Gesamtzahl der Pferde hat der asiatische Raum nie eine Pferderasse hervorgebracht, die ein weltweiter Exportschlager wurde.

Obwohl die Wurzeln der Rasse Quarter Horse zu einem beträchtlichen Teil in der Oberschicht der Kolonialzeit steckten, war es doch auch – und bald in zunehmendem Maße – ein Pferd des „kleinen Mannes". Mit der Eroberung des amerikanischen Westens und den dort etablierten Rinder-Ranches stand dem Quarter Horse dann ein weites Feld offen, das es sich auch zügig aufgrund seiner besonderen Fähigkeiten zu eigen machen konnte.

Wettleidenschaft und sportlicher Ehrgeiz der Amerikaner waren es, die aus dem Arbeitspferd Quarter Horse einen hochspezialisierten Renner und ein ebenso hochspezialisiertes Show- bzw. Turnierpferd machten, wobei ihnen natürlich auch züchterisches Geschick nicht abgesprochen werden kann.

Wie lange gibt es schon Quarter Horses?

Auf der einen Seite ist die Rasse Quarter Horse noch jung, aus einem anderen Blickwinkel ist es dagegen eine sehr alte Rasse. Das liegt einfach daran, daß die Rasse vor mehreren Hundert Jahren ihren Anfang nahm (und ab welchem

Zeitpunkt man dabei von einer Rasse sprechen darf, kann heute kaum noch beurteilt werden und bleibt wiederum dem individuellen Urteil überlassen), daß sie aber erst

Unten: Beim Barrel Racing geht's auf Zeit. Speed und Wenigkeit sind alles

Oben: Zwei Cowboypferde dürfen nach einem Zusammentrieb eine kurze Rast machen. Im Hintergrund der Viehanhänger, auf den die Rinder verladen werden

in jüngerer Zeit offiziell stutbuchmäßig geführt wird. Die American Quarter Horse Association wurde erst 1940 gegründet, und auch die American Quarter Racing Association war nicht viel eher ins Leben gerufen worden.

Die Anfänge der Quarter Horse-Zucht lagen im Osten der heutigen USA, in den damaligen Kolonien. Besonders Virginia war bekannt für seine schnellen Quarter Mile-Rennpferde.

Iberische Pferde haben einen großen Einfluß bei der Entstehung der Rasse Quarter Horse gehabt, möglicherweise auch Berber-Pferde.

Oft kann man lesen, daß das Quarter Horse quasi ein Ableger des Englischen Vollbluts sei. Das stimmt so nicht. Der Beginn der Quarter Horse-Zucht reicht sehr viel weiter zurück, als die Rasse Vollblut alt ist. Aber Pferdematerial, das dann auch die Basis für das Englische Vollblut bildete, war an der Entstehung der Rasse Quarter Horse erheblich beteiligt, so daß beide Rassen zum Teil dieselben Wurzeln haben.

Außerdem muß festgehalten werden, daß das Quarter Horse seinerseits an der Entstehung der amerikanischen Vollblutzucht beteiligt war. Eine beträchtliche Anzahl von „Celebrated American Quarter Running Horses“ fand Eingang in die Zucht des Vollblüters in Amerika, wie aus den ersten Stutbüchern zu ersehen ist.

Später, als die Rasse Thoroughbred (Englisches Vollblut) etabliert war, beeinflußte sie umgekehrt auch direkt die Quarter Horse-Zucht und tut dies noch bis heute.

Die Pferde der Chickasaw-Indianer waren damals als die schnellsten berühmt. Sie waren spanischen Ursprungs und stammten hauptsächlich von erworbenen und entlaufenen Pferden der Spanier ab, die im Südosten, dem heutigen Florida, Zuchten auf ihren Missionen hatten. Die benachbarten Indianerstämme, vor allem die Chickasaws und Cherokees, waren seßhafte Landwirte und erwiesen sich bald als ausgezeichnete Pferdezüchter.

Diese Chickasaw-Pferde wurden von den Kolonisten weiter im Norden gekreuzt mit Pferden, die vor allem die englischstämmigen Einwanderer aus ihrer alten Heimat mitgebracht oder importiert hatten. Besonders das englische Galloway Pony, das es heute nicht mehr gibt, hat dabei eine Rolle gespielt. Die Produkte aus diesen Anpaarungen zeichneten sich durch große Schnelligkeit über kurze Strecken aus. Die Pferde der Engländer hatten aber ebenfalls schon einen Anteil iberischen Blutes, außerdem Berberblut, und die Pferde der Chickasaw waren ja ohnehin spanischen Ursprungs.

Importe nicht nur von englischen, sondern auch von iberischen Pferden, möglicherweise auch von von Berbern und Arabern hat es noch bis ins 19. Jahrhundert hinein gegeben. Es ist meistens nicht möglich, genau zu bestimmen, welcher Rasse diese Importpferde waren, denn spanische Pferde wurden oft als Berber bezeichnet, sie galten allemal als Orientalen, und Berber wurden nicht selten als Araber geführt.

Kurzstreckenrennen wurden zur Leidenschaft der Kolonisten und führten bald zu einer gezielten Zucht von Sprint-Pferden, wobei

Unten: Ein junger Quarter Horse-Hengst macht seine ersten Erfahrungen mit dem Menschen – er wird „ausgesackt", d. h. er lernt, Berührungen zu tolerieren (hier mit einem dicken, weichen Strick)

die Viertelmeile zur beliebtesten Distanz wurde(ca. 400 m). Die Zucht auf diese Fähigkeiten hin festigte einen bestimmten Typ Pferd, der klein und kompakt war.

Der Import von Janus im Jahre 1752 war nicht der erste eines britischen Rennpferdes, aber dieser Hengst vererbte nicht nur Speed wie kein anderer vor ihm, sondern auch sein kompaktes, muskulöses Gebäude. Janus' Gebäude wurde von den Züchtern seiner Zeit als sensationell empfunden, so sehr unterschied er sich von allen anderen Pferden. Durch ihn wurde die Zucht von „Quarter Running Horses" oder „Quarter Mile Racing Horses", wie es damals hieß, gebäudemäßig uniformer, und ein wesentlicher Schritt in Richtung des Rassetyps war getan worden. Daß man viel Inzucht und Linienzucht gerade mit Janus und seinen Nachkommen betrieb, unterstützte diesen Effekt natürlich noch.

JANUS, ein Chestnut, 'sui generis', *von gedrungener Statur, etwa*

1,44 m groß, gezüchtet von Mr. Swymmer, etwa 1752 nach Virginia importiert; geboren 1746 -. „Die Nachzucht von Old Janus in Virginia und den südlichen Staaten war in den letzten fünfzig Jahren von charakteristischer Eigentümlichkeit, als gehörten sie einer anderen Spezies an. Bezüglich Kraft, Schnelligkeit und Ausdauer sind sie von keiner anderen Pferderasse erreicht worden.

Janus zeichnete sich durch große Knochenstärke und Bemuskelung aus, war abgedreht, sehr kompakt, mit gewaltiger Hinterhand und von großer Schnelligkeit; alle diese Qualitäten gab er in so perfekter Weise an seine Nachkommen weiter, daß diese sich immer noch, nach so langer Zeit, durch dieselben auszeichnen, und große Schnelligkeit mit starker Bemuskelung finden sich immer noch in vielen Pferden, deren Pedigrees auf ihn zurückreichen

(Edgars Studbook)

Schon damals waren die „Quarter Mile Racing Horses" in der Regel keine reinen Rennpferde, die nur zum Zweck des Rennens gehalten und gezüchtet wurden. Vielmehr handelte es sich in den meisten Fällen um Tiere, die für alle erdenklichen Arbeiten unter dem Sattel und im Geschirr herangezogen wurden und die dann bei Gelegenheit – z. B. an Wochenenden – auch das eine oder andere Rennen gingen. Das erforderte Gebrauchseigenschaften, zu denen eine große Willigkeit und Unkompliziertheit im Umgang gehörte. Gepaart mit dem Speed, ohne den nun mal kein Rennen zu gewinnen ist, war das Quarter Horse wohl ausgerüstet, um später, als sich im Osten Langstreckenrennen durchsetzten und das Short Racing nach Westen abwanderte, eine beispiellose Karriere als Ranchpferd, Freizeitpferd und Sportpferd zu erleben.

Im Südwesten und Westen Amerikas erhielt das bis dahin bereits erblich recht gefestigte Quarter Horse eine erneute Zufuhr spanischen Erbgutes, da es dort wieder auf das allgegenwärtige „Spanish Pony" traf, sei es in Form des Mustangs, sei es in Form der Indianerpferde, sei es als Reittiere mexikanischer und kalifornischer Vaqueros oder angloamerikanischer Cowboys. Diese Verquickung fand hauptsächlich in der zweiten Hälfte des 19. Jahrhunderts statt, und als ab 1940 die Zucht der Quarter Horses in korrekter zuchtbuchmäßiger Weise durchgeführt wurde, war diese Verschmelzung bereits abgeschlossen.

Zum besseren Verständnis der amerikanischen Pferderassen sei angemerkt, daß diese alle in ihren Ursprüngen sehr ähnlich waren. Ob Tennessee Walker, Saddlebred, Morgan oder Missouri Fox Trotter, ja selbst das Standardbred (amerikanischer Traber) – sie alle zeigen in ihren Historien ähnliche Anfänge. Sie nehmen aber hier und da für sich in Anspruch, Einfluß auf die Quarter Horse-Zucht genommen zu haben. Eigentlich war es eher umgekehrt, aber vor hundert oder zweihundert Jahren waren diese anderen Rassen allemal entweder noch nicht existent oder so wenig in Richtung ihrer heutigen Spezialisierung fortgeschritten, daß sie durchschnittlich keine wesentlich anderen Pferde darstellten, als das Ausgangsmaterial der Quarter Horses verkörperte. Es darf nicht verwundern, daß wir bei verschiedenen dieser Rassen sogar z. T. dieselben Linienbegründer finden!

Wenn man die Pferde der Kolonialzeit, welche das Ausgangsmaterial der Rasse Quarter Horse bildeten, als frühe Quarter Horses anerkennt, dann ist es z. B. einfach aufgrund der zeitlichen Abläufe viel wahrscheinlicher, daß Justin Morgan eigentlich ein Quarter Horse war, der aber von seiner Leistungsfähigkeit ein so herausragendes Individuum war und darüber hinaus ein so durchschlagender Vererber, daß man bei seinen Nachkommen von Morgan-Pferden sprach, diese separat weiter züchtete und er so in den Neuengland-Staaten zum Stammvater einer eigenen Rasse werden konnte.

Wenn dann „Morgan-Pferde" (sie waren ja auch noch keine anerkannte Rasse) wieder mit solchen ihrer Verwandten gepaart wurden, die in Händen erklärter Quarter Horse-Züchter waren, dann war das keine Einkreuzung im eigentlichen Sinne, sondern ein Zurückfließen von ursprünglichem Quarter Horse-Blut.

Rassen wie die Fox Trotter, Tennessee Walker oder Saddlebreds werden auch immer wieder gern als Western Horses hingestellt und als Pferde mit einer Ranchpferd-Geschichte. Ranchpferde waren sie zum Teil tatsächlich, denn wie gesagt, der Werdegang der amerikanischen Rassen ist in den Anfängen weitgehend gleich. Aber ab einem bestimmten Zeitpunkt hat man eben bei diesen anderen Rassen einen anderen Schwerpunkt gesetzt, einen anderen Weg eingeschlagen. Der Tennessee Walker ist schon lange ein Show-Pferd mit Spezialeigenschaften, das Saddlebred noch mehr, und auch das Morgan Horse wird seit Jahrzehnten in eine ganz andere Richtung gezüchtet, eben nicht als Western Stock Horse.

Zur Zucht der beiden anderen reinen Stock Horses in Amerika ist zu sagen, daß die des American Paint Horses sowieso eine reine Quarter Horse-Zucht darstellt, nur mit dem Unterschied, daß weiße Abzeichen erlaubt sind, und auch in der Appaloosa-Zucht ist das Quarter Horse-Blut heute dominierend.

Wie sieht der Rassetyp aus?

Ursprünglich war das Quarter Horse ein für heutige Begriffe kleines Pferd und unterschied sich vom „Spanish Pony" höchstens durch eine stärkere Bemuskelung. Um 1700 zum Beispiel lag die Durchschnittsgröße eines englischen Rennpferdes bei etwa 1,40 m Stockmaß, und sowohl die Spanish Ponies im amerikanischen Westen wie auch die ersten Quarter Horses waren selten größer und manchmal sogar kleiner. Noch 1952, als die American Quarter Horse Association ihre ersten AQHA Champions ehrte, war darunter keins von über 1,50 m Stockmaß!

Der Rassetyp des Quarter Horses ist ohne weiteres zu beschreiben und für das geübte Auge erkennbar, er hat sich jedoch gerade in den letzten Jahren stark gewandelt – oder man sollte vielleicht besser sagen, daß er in den letzten Jahren stark vernachlässigt wurde, denn der Typ hat sich im Grunde kaum geändert, es gibt nur zunehmend Quarter Horses, die diesem Typ nicht mehr recht entsprechen.

Wie sieht also ein typisches Quarter Horse aus?

Es hat einen kleinen Keilkopf mit breiter Stirn, auf der sich meistens Muskelwülste zeigen, und starkbemuskelten Ganaschen, kleinem Maul, geradem Nasenprofil, kleinen Ohren und ausdrucksvollen Augen.

Sein Hals ist eher gerade bis sanft geschwungen, schlank und gut ausgeschnitten in der Kehle und entspringt im Winkel von 90 Grad der Schulter. Der Hals ist ausreichend lang, aber vergleichsweise kürzer als bei vielen Warmblütern. Er ist hoch genug angesetzt, daß sich die Brust unterhalb noch deutlich absetzt und mehr oder weniger senkrecht absenkt.

Die Schulter ist schräg und muskelbepackt, der Widerrist nicht sehr hoch, aber deutlich ausgeprägt und weit in den mittellangen bis kurzen, gut bemuskelten Rücken reichend.

Unten:
Ein überaus typischer Quarter Horse-Kopf des alten Typs, mit breiter Stirn, dicken Ganaschen, kleinem Mäulchen und kleinen Öhrchen

Bei der Kruppe fällt die starke Bemuskelung besonders auf, und sie stellt einen enormen Motor dar. Sie ist lang und schräg (nicht abgeschlagen); die Winkelung sollte dieselbe wie die der Schulter sein. Die „Hosen", die hintere Oberschenkelmuskulatur, sind auffallend stark entwickelt.

Das Pferd soll außerdem viel Rumpftiefe/Gurttiefe haben.

Die Beine sind aufgrund kurzer Röhren kürzer als z. B. bei deutschen Warmblütern. Die Fesselung ist eher kurz, die Hufe sind nicht sehr groß, aber gut geformt. Die Bemuskelung der Ober- und Unterarme springt kräftig vor.

Von vorn gesehen, ist das Quarter Horse ausreichend breit in Schultern und Brust, und die stark ausgeprägte Brustmuskulatur fällt wiederum ins Auge. Von hinten ergibt die enorme Knie- und Oberschenkelbemuskelung (Stifle) im Bereich des Knies die breiteste Stelle des Pferdes. Typisch sind auch Wadenmuskeln (Gaskin, oberhalb des Sprunggelenks), die innen wie außen stark entwickelt sind.

Quarter Horses haben die Tendenz, überbaut zu sein. Der Rassestandard verlangt aber nach einem Pferd, dessen Widerrist mindestens so hoch ist wie der höchste Punkt der Kruppe.

Aus all dem ergibt sich, daß das Quarter Horse typmäßig von einer starken Muskulatur geprägt ist, und tatsächlich gibt es in dieser Rasse Pferde, die bei aller Trockenheit und Feinheit des Gebäudes so enorm bemuskelt sind, wie dies bei keiner anderen Rasse zu finden ist. Dennoch wird gerade von Laien der Bemuskelung oft zu große Bedeutung beigemessen. Ein Pferd ohne ausgeprägte Bemuskelung ist ganz sicher kein typisches Quarter Horse, aber es geht nicht nach dem Grundsatz: Je mehr, desto besser. Das Format, die Winkelungen von Schulter, Kruppe und Gliedmaßen, die kurzen Röhren, der kleine Keilkopf, die Kompaktheit bestimmen den Gesamteindruck des Typs. Wenn allerdings eine „arme" Bemuskelung vorliegt, so ist dies atypisch.

Nun ist die Entwicklung der Quarter Horses mehr und mehr derart verlaufen, daß sie sich in verschiedene Spezialrichtungen bewegt hat, die teilweise so sehr auseinanderliegen, daß der Nichteingeweihte nicht mehr glaubt, es mit derselben Rasse zu tun zu haben. Da steht an einem Ende des Spektrums das Halter-Pferd, ein Body Builder, groß, extrem bemuskelt und so massig, daß es sich kaum noch bewegen kann. Da gibt es das Racing Quarter Horse, ebenfalls groß, aber schlanker und mit hohem Vollblutanteil, der sich dann auch in der Conformation, im Exterieur, widerspiegelt. Da sind die Roping Quarter Horses, meistens große, kräftige Pferde, häufig mit Rennblut, aber in der Regel weniger edel als die Halter-Typen oder auch die Racer. Western Pleasure-Pferde sind oft hochbeinig und schmächtig und sehen dann gar nicht wie Quarter Horses aus. Schaut man sich dann am anderen Ende des Spektrums die Cutting-Pferde an – überwiegend schmale, zierliche „Hirsche", bei denen einem angst und bange wird, wenn man sie unter 2-Zentner-Männern ihre blitzschnellen Haken schlagen sieht –, dann liegen zwischen ihnen und den Halter-Pferden beispielsweise oftmals Welten.

Natürlich kann man mit Quarter Horses auch „englisch" reiten und eine gute Figur dabei abgeben…

Das Quarter Horse, früher als das „vielseitigste Pferd der Welt" gepriesen, vereinigt mehr und mehr die Allround-Eigenschaften nicht mehr in den Individuen, sondern in zunehmendem Maße ist es nur noch die Rasse als Ganzes, welche dem Interessierten die unterschiedlichen Eignungen bietet –

aufgesplittet in Spezialistengruppen.

Einer der erfahrensten Quarter Horse-Richter hat einmal geschrieben: „Es ist einfach so, daß die AQHA unterschiedliche Pferde für unterschiedliche Zwecke anbietet und diese aber alle 'Quarter Horses' nennt."

Nicht wenige Züchter von Quarter Horses sind über diese Entwicklung enttäuscht und sogar entsetzt. So nimmt es nicht wunder, daß Vereinigungen wie das Foundation Quarter Horse Registry und die National Foundation Quarter Horse Association entstanden sind, die es sich zum Ziel gesetzt haben, die Zucht des im alten Typ stehenden Quarter Horses zu fördern. Dazu werden nur Pferde eingetragen, die überwiegend auf die alten Gründerlinien zurückgehen und höchstens einen minimalen Vollblutanteil aufweisen. Die Pferde, die beim Foundation Quarter Horse Registry oder der National Foundation Quarter Horse Association eingetragen werden, weisen nicht nur die alten Blutlinien auf, sondern sollen noch das Allround-Pferd verkörpern, das als „Quarter Horse" zu weltweitem Ruhm gelangte.

Gelegentlich wird die Ansicht geäußert, daß die Einführung der AQHA World Championship Show die Spezialisierung verursacht habe. World Champions seien eben besser zu vermarkten als Champi-

Diese Quarter Horses genießen es, ihre Füße im Wasser des Big Horn River in Wyoming zu kühlen

ons oder Supreme Champions. Wenngleich das durchaus ein stichhaltiges Argument ist, sind für die Spezialisierungen weitgehend die National Cutting Horse Association (NCHA) und die National Reining Horse Association (NRHA) verantwortlich, wie auch – in geringerem Maße – die National Reined Cow Horse Association (NRCHA). In den Wettbewerben dieser Verbände werden schon seit langem so hohe Preisgelder ausgeschüttet, daß eine Spezialisierung der Zucht auf dafür passende Athleten die zwangläufige Folge sein mußte. Auch die National Snaffle Bit Association (NSBA), die sich der Förderung der Western Pleasure- und Hunter under Saddle-Klassen verschrieben hat, übt einen spezialisierenden Einfluß auf die Zucht dieser Pferde aus.

Die Spezialisierung in der Zucht von Halter-Pferden kann durch eine entsprechend dominierende Organisation nicht erklärt werden, obwohl es auch dabei hochdotierte Wettbewerbe gibt, vor allem für Jungtiere. Doch mag hier das Anstreben von World Champion-Titeln größeren Einfluß gehabt haben. Für die Disziplinen Reining, Cutting und Working Cowhorse sind Siege und hohe Plazierungen auf den großen Turnieren von NRHA, NCHA und NRCHA jedoch finanziell wesentlich lohnender und außerdem prestigeträchtiger als ein AQHA World Champion-Titel.

Die Diskussion über den „richtigen“ Quarter Horse-Typ wurde und wird sehr kontrovers geführt. Auf der einen Seite stehen Züchter mit der Ansicht, daß die einzige Vollblutzufuhr, die dem Quarter Horse schadet, die ist, die es *nicht* bekommt. Auf der anderen Seite gibt es Leute, die eine ungenaue und unrichtige Vorstellung vom „alten Quarter Horse-Typ“ oder „stock type“ haben, die meinen, dieser drücke sich hauptsächlich in Breite und Masse aus.

Ein gutes Pferd im alten Quarter Horse-Typ, auch „bull dog type“ genannt, war ein Pferd von knapp 1,50 m, mit guter Knochenstärke, gesunden Beinen, starker, wenn auch nicht übermäßiger Bemuskelung, vortrefflicher Ausdauer und großem Speed auf kurze Distanz. Es war ein unkompliziertes Arbeitspferd mit durchweg stark ausgeprägtem „cow sense“. Weder war es so edel wie heutige Halter-Spezialisten, noch so extrem bemuskelt, und auch in den sportlichen Reitdisziplinen wäre es an die Leistungen der heutigen Hochzucht-Spitzentiere nicht herangekommen. Es war alles in allem etwas unscheinbarer, sicher auch nicht so gut gepflegt wie unsere Stars von heute, wahrscheinlich auch nicht so rittig, aber es hatte schon damals Qualitäten, die offensichtlich viele überzeugten.

In welchen Farben kommen Quarter Horses vor?

Quarter Horses gibt es in fast allen Farben, die beim Pferd vorkommen, doch werden weder solche eingetragen, die über ein bestimmtes Maß hinausgehende weiße Abzeichen aufweisen, noch solche mit Tigerscheckabzeichen (Appaloosa-Fellzeichnung). Auch Albinos (die ja keine echten Albinos sind, sondern ganz helle Cremellos, Palominos mit doppeltem Aufhellungsfaktor), werden nicht eingetragen. Mit anderen Worten, wenn ein Fohlen aus zwei eingetragenen Quarter Horse-Eltern solche Merkmale aufweist, kann es nicht als Quarter Horse eingetragen werden.

Die bei weitem überwiegende Farbe in der Quarter Horse-Zucht ist Fuchs, in der Regel ein Rotfuchs (sorrel). Dunkle Füchse (chestnut) kommen auch vor, manchmal sind sie fast schwarz, wie auch solche mit heller Mähne (flaxen mane).

Schwarzbraune Pferde werden „brown“ genannt und können im Prinzip sogar ganz schwarz sein, aber mit Aufhellungen im Bereich von Maul und Flanken. Rot- oder Hellbraune heißen „bay“. Rappen werden als „black“ eingetragen.

Schimmel kommen bei Quarter Horses vor, sind aber relativ selten und werden „grey“ genannt.

Sehr viel häufiger als z. B. bei deutschen Warmblütern treten

Falbfarben auf. Dabei ist zu beachten, daß Falbmuster bei Pferden zusätzlich zur eigentlichen Grundfarbe vererbt werden. Es werden zwei verschiedene Falbmuster unterschieden, das „Dun"-Muster und das „Palomino/Buckskin"-Muster.

Das Dun-Muster spart bei der Aufhellung die Ohrenspitzen, die Maulpartie, den Aalstrich (dorsal stripe) und die unteren Gliedmaßen aus, meistens auch noch Zebrastreifen an den Beinen und gelegentlich Schulterstreifen, so daß dies alles dunkel bleibt.

Das Palomino/Buckskin-Muster macht im Prinzip dasselbe, spart aber keinen Aalstrich und keine Zebrastreifen aus. Wird dieses Muster einem Sorrel vererbt, so wird er ein Palomino, wird es einem Bay vererbt, so wird er ein Buckskin.

Ein Schwarzbrauner mit einem solchen ererbten Aufhellungsfaktor wird dadurch einer jener „schmuddeligen“ Buckskins, deren hellere Körperpartien mehr schmutziggraubraun sind.

Der Züchter sollte wissen, daß dieser Aufhellungsfaktor (dilution factor) sich dominant und additiv vererbt, d. h. wenn ein Pferd ihn von beiden Elterntieren ererbt, wird es sehr viel heller in der Farbe als ein normaler Palomino oder Buckskin und kann fast weiß werden – was dann bedeutet, wie erwähnt, daß es als Quarter Horse nicht eingetragen wird.

Dieses Phänomen gibt es beim Dun nicht. Das Dun-Muster macht aus einem Black oder einem Brown einen Graufalben (grulla oder grullo), aus einem Bay einen regulären Dun, aus einem Fuchs einen Red Dun. Das Dun-Muster vererbt sich dominant, zwei Nicht-Duns können also keinen Dun produzieren.

Reine Duns können angepaart werden, ohne daß ein Risiko besteht, ein doppelt aufgehelltes Fohlen zu bekommen. Vorsicht ist aber insofern geboten, als daß ein Pferd beide Erbanlagen haben kann, die für Dun und die für Buckskin/Palomino. Typische und prominente Beispiele waren Hollywood Jac 86 und sein Vater Hollywood Gold, die allgemein als Palominos bezeichnet wurden, aber außerdem Red Duns waren, was Aalstrich und Zebrastreifen verrieten. Nicht immer aber ist es so offensichtlich. Einer der Foundation-Hengste der deutschen Quarter Horse-Zucht zum Beispiel, Buckskin Dear, äusserlich ein eindeutiger, eher dunkler Dun, hat nur durch die Tatsache, daß er gelegentlich Cremellos gezeugt hat, seine Buckskin-Erbanlage verraten!

Eine andere zusätzliche Erbanlage, die ein Quarter Horse haben kann, ist die für „roan“ (unveränderlicher Schimmel). Ein Roan hat typischerweise einen dunklen Kopf, Mähne und Schweif ebenfalls dunkel und dunkle untere Gliedmaßen, während alles übrige durch Stichelhaare aufgehellt ist. Ein Roan ist immer gemischterbig, hat also ein Roan-Gen und ein Nicht-Roan-Gen. Roan vererbt sich – genau wie Grey – dominant; zwei Nicht-Roans können keinen Roan produzieren und zwei Nicht-Schimmel keinen Schimmel.

Ein Pferd kann aber verschiedene Farberbanlagen in sich vereinen, es kann z. B. ein Black sein, aber mit jenem ererbten Muster, das aus ihm einen Bay macht. Außerdem kann es die Erbanlage für Sorrel haben, die für Dun, Buckskin/Palomino, Schimmel (grey) und Roan. Darum ist es manchmal so schwierig, die Farbe eines Pferdes zu bestimmen. Es kann dann all dies weitervererben oder auch nur einzelne dieser Erbanlagen.

Die faszinierende Welt der Quarter Horses

Die Cowboys auf den Ranches maßen sich gern in freundschaftlichem Wettbewerb in den verschiedenen Fertigkeiten, die ihre Arbeit so mit sich brachte. Daraus wurden bald eigene sportliche Disziplinen entwickelt. Ende des 19. und in der ersten Hälfte des 20. Jahrhunderts entstanden so nicht nur die Rodeos, sondern auch charakteristische reitsportliche Wettkämpfe, wie sie so sonst nirgendwo existierten. Bald wurden spezielle Verbände gegründet, die sich der Reglementierung und Förderung solcher Reitsportarten annahmen. Mit Gründung der American Quarter Horse Association 1940 gab es dann erstmals einen Zuchtverband, der sich im Rahmen der Förderung seiner Produkte aller unterschiedlichen Disziplinen und ihrer Reglementierung widmete und aufgrund der dominierenden Rolle, die das Quarter Horse im Bereich des Westernreitens einnahm, maßgeblich an der Entwicklung vieler dieser Reitsportzweige beteiligt war.

Leider ist die AQHA (die American Quarter Horse Association) – wie andere amerikanische Rasseverbände auch – kein Zuchtverband nach deutschem Verständnis. Die zuchtverbandsmäßige Tätigkeit erschöpft sich fast darin, Abstammungsdaten zu registrieren. Ansonsten funktioniert die AQHA wie jeder andere Verein – die Fraktion, welche die meisten Stimmen hinter sich bringt, bestimmt in den einzelnen Sachfragen die Marschroute. Die meisten Verantwortlichen sind selbst Betroffene, wenn es um unbequeme Entscheidungen geht. Kurzum, die AQHA hat bislang kein Verantwortungsbewußtsein demonstriert, wenn es darum ging, zuchthygienische Fragen zu entscheiden.

Für einen Zuchtverband nach deutschem Verständnis wäre es zum Beispiel undenkbar, Tiere mit erwiesenen genetischen Defekten nicht von der Zucht auszuschliessen, erst recht bei Vatertieren – die AQHA hat sich in der Beziehung noch nie durch verantwortungsbewußte Entscheidungen ausgezeichnet, sondern bestenfalls durch mehr oder weniger faule Kompromisse. Der Markt soll alles regeln.

Das Quarter Horse als Halter-Pferd

Von Beginn an gehörte es bei jeder Western Horse Show dazu, die Pferde an der Hand vorzustellen (und nicht nur die Pferde; auch Kühe, Schafe, Ziegen etc. werden ebenso vorgestellt). Daraus entwickelten sich die sogenannten Halter-Klassen (Halter=Halfter). Während es früher üblich war, die Tiere, die in den Reitklassen konkurrierten, auch in Halter vorzustellen, hat zumindest ab einem bestimmten Level ein solches Reitpferd heute in einer Halter-Klasse kaum noch eine Chance. Nicht nur, daß ein gutes Reitpferd gewöhnlich kein Gebäude hat, das in Halter gewinnen kann, sondern selbst wenn es dies hätte, würde es aufgrund seines Reittrainings zuviel Gewicht verlieren und kaum in optimaler Halter-Kondition sein.

Die Halter-Pferde sind Spezialisten, die wie Body Builder behandelt und besonders gefüttert werden (und deren einziger Eignungstest nicht selten seit Generationen darin bestand, am Ende einer Vorführleine zu stehen).

Halter-Klassen waren einmal ein Schaufenster für den Rassetyp. Das kann heute nur noch bedingt gelten. Doch wer sich eine gute Halter-Klasse ansieht, bekommt auch heute noch einen Eindruck davon, wie ein Quarter Horse auszusehen hat – wer mehr reitmäßig orientiert ist, muß sich dann das Gebäude einfach weniger extrem vorstellen...

In der Halter-Klasse werden die Pferde auf Hochglanz poliert gezeigt, zuerst im Schritt und Trab, dann „square" hingestellt, d.h. daß alle vier Beine gleichmäßig belastet werden und ein Rechteck bilden. Die Korrektheit der Bewegungen und der Gliedmaßen sollen ebenso bewertet werden wie das Gesamtmodell des Pferdes. Wert legen die Richter auf Eleganz und Ausstrahlung, auf schlanke Hälse mit klar ausgeschnittenen Kehlen, auf eine gute Oberlinie, schräge, lange Schulter und Hüfte und ausgeprägte Bemuskelung. Die Pferde müssen auch, einmal „square" aufgestellt, stockstill stehen und sollen idealerweise die Ohren spitzen.

Leider haben sich im Zusammenhang mit dem Vorbereiten auf die Halter Show Praktiken eingebürgert, die aus tierschützerischen Gesichtspunkten abzulehnen sind. Es bleibt abzuwarten, wann Tierschutzorganisationen, von denen es gerade in den USA sehr aggressive gibt, darauf aufmerksam werden.

Zum optimalen Konditionieren und Vorstellen eines Halter-Pferdes ist nicht weniger Fachwissen und Können erforderlich als für andere Bereiche des Pferdesports. Daher wurde von der Halter-Klasse, in der das Pferd beurteilt wird, die Showmanship-Klasse abgeleitet, in der das Pferd nur als Vehikel fungiert und die Richter bewerten, wie gut der Teilnehmer sein Pferd herausgebracht hat und wie gut er es vorstellt. Showmanship-Klassen werden nur für Jugendliche und für Amateure ausgeschrieben.

Blutlinien, die man verstärkt in der Zucht von Halter-Pferden vorfindet, sind vor allem Impressive, aber auch Sonny Dee Bar, Quincy Dan, Doc Bar und Skipper W.

Das Quarter Horse als Western Pleasure-Pferd

Western Pleasure ist eine Westernreitdisziplin, in der sich viele Westernreit-Einsteiger zuerst versuchen. Das liegt einmal daran, daß in der Western Pleasure-Klasse keine rasanten oder komplizierten Manöver gefordert werden, zum anderen, daß nicht einzeln geritten wird, sondern normalerweise reiten alle Teilnehmer einer Klasse gleichzeitig. Da traut sich manch einer eher einmal einen Turnierstart zu und gewöhnt sich daran, vor Publikum zu reiten, weil er in der Menge der Teilnehmer nicht so auffällt. Es ist halt etwas ganz anderes, allein in der Bahn reiten zu müssen und aller Blicke auf sich zu fühlen... So beliebt ist diese Disziplin, daß auf großen Turnieren oft Western Pleasure-Klassen wegen der hohen Starterzahlen geteilt und in mehreren Durchgängen geritten und gerichtet werden müssen.

Für den erfahrenen und ehrgeizigen Western Pleasure-Reiter stellt sich alles natürlich ganz anders dar – sein Problem ist es, daß er in der Masse auffallen muß, herausstechen muß. Er will und muß erreichen, daß der Richter von ihm bzw. seinem Pferd Notiz nimmt.

Auch wenn in der Pleasure die Pferde nur in den Grundgangarten Schritt, Trab und Galopp geritten werden und ansonsten nur noch ein Rückwärtsrichten verlangt wird, darf man die Leistungen nicht unterschätzen. Es ist keinesfalls leichter, eine große Pleasure-Klasse zu gewinnen, als eine beliebige andere, gerade weil auf höherem Niveau die Unterschiede nur noch in den Nuancen liegen.

Der Ursprung der Disziplin „Western Pleasure" liegt darin, daß für die Bewältigung der großen Entfernungen für die Cowboys und alle anderen, die sich früher auf dem Pferderücken im amerikanischen Westen bewegt haben, ein Pferd mit weichen Gängen, das außerdem auch nicht widerspenstig war, solche langen Ritte sehr viel angenehmer machte. Dasselbe galt für jene Pferde, die später zum reinen Vergnügen als Spazierpferde geritten wurden.

„Pleasure" bedeutet „Vergnügen", und es ist eben einfach kein Vergnügen, auf einem Ausritt ein Pferd reiten zu müssen, das im Trab wirft, dessen Galopp kurz und abgehackt ist, das dauernd zurückgehalten werden muß, weil es immer schneller vorwärts will als der Reiter oder das permanent getrieben werden muß, weil es andernfalls stehenbleibt.

Wie bei allem, das zur Turnierdisziplin hochstilisiert wird, sind auch bei der Pleasure-Klasse gewisse Auswüchse entstanden. Man will ja gewinnen – wenn es gut ist, wenn ein Pferd langsam geht, dann ist noch langsamer sicher noch besser... So werden zum Teil Pferde vorgestellt, wo man zweimal hinschauen muß, um zu erkennen, daß sie sich tatsächlich vorwärtsbewegen. Weil ein hoch getragener Kopf dem Richter signalisieren kann, daß ein Pferd nicht willig langsam und gleichmäßig geht, wurde darauf geachtet, daß die Pferde die Köpfe nicht hoch trugen. Nach dem Motto „wenn etwas tiefer gut ist, dann ist noch tiefer sicher noch besser" kam es bald dazu, daß die Pferde mit dem Kopf dicht über dem Boden geritten wurden – wozu sie natürlich häufig mit künstlichen und nicht immer tierschutzgerechten Mitteln gebracht wurden. Obwohl diesen „Peanut Rollers" seit Jahren offiziell verbal die rote Karte gegeben wurde, ist dieser Einfluß auf den amerikanischen Turnieren immer noch spürbar.

Das wirklich gute Pleasure-Pferd jedoch ist eins, das von Hause aus butterweiche, geschmeidige Gänge hat, das man im Trab oder Arbeitsgalopp ohne die geringste Mühe beliebig lange reiten kann. Allein die Selektion auf solche Bewegungen ist, für sich genommen, etwas Positives. Fragwürdiger ist, daß für die Pleasure-Disziplin Pferde mit „kleiner Übersetzung" gezüchtet werden, also solche mit wenig Raumgriff.

Das gute Pleasure Horse hält seinen Kopf immer in einer entspannten Haltung, was bei den meisten Pferden bedeutet, daß der

Hals etwa horizontal getragen wird. Es geht in allen drei Gangarten gleichmäßig, beschleunigt nie von sich aus, drängt nirgendwo hin, führt die Übergänge von einer Gangart in eine andere prompt, geschmeidig und ohne sichtbaren reiterlichen Aufwand aus und sieht bei alledem zufrieden aus. Ein solches Pferd zu reiten, ist ein Vergnügen, und um ein solches Pferd auszubilden und erfolgreich vorzustellen, bedarf es durchaus großen Könnens.

Zu den Hengstlinien, die sich in der Zucht von Pleasure-Pferden durchgesetzt haben, gehören vor allem die von Zippo Pine Bar, Hotrodders Jet Set, Kay Cee Leaguer, Scotch Bar Time und Barpasser.

DAS IDEALE WESTERN PLEASURE-PFERD

Beobachten wir ein ideales Pleasure Horse in der Prüfung.

Da schwebt es her – völlig zufrieden mit sich und der Welt, ein Schritt wie der andere, der Hals eher etwas abfallend zum Kopf hin, aber nicht so tief, daß die Ohrenspitzen niedriger als der Widerrist wären. Es trägt seinen Kopf still und so, als ginge es am Zügel, obwohl die Zügel leicht durchhängen. Sein Rücken ist rund und bewegt sich so gut wie gar nicht, die Hinterbeine treten gut unter. Der Reiter sitzt darauf wie in einem stoßgedämpften Luxusfahrzeug. Ob es aus dem Walk in den Jog, aus dem Jog in den Lope, aus dem Walk in

den Lope, aus dem Lope in den Jog oder in den Walk übergeht – sein Rahmen bleibt immer gleich, sein Kopf bleibt stets in derselben Position, seine Tritte oder Sprünge sind gesetzt und absolut gleichmäßig.

Wer bei den Transitions nicht auf die Beine achtet, der sieht überhaupt keinen Unterschied in der Haltung des Pferdes. Beim Angaloppieren hebt es sich in der Schulter an und geht durch's Genick in den Lope, ohne daß sich seine Nase hebt, ohne daß der Schweif schlägt, ohne daß der erste Sprung auch nur etwas heftiger wäre als alle folgenden. Wann immer es wünschenswert ist, läßt es sich ohne Murren tief in die Ecken

Die Western Pleasure ist eine Disziplin, die von vielen als „Einsteigerklasse" genutzt wird und die darum oft hohe Starterzahlen aufweist. Aber auch ein Top Pleasure-Pferd braucht eine solide Ausbildung

reiten, ohne seinen Takt zu verlieren. Beim Reverse läßt es sich spielend leicht lenken, biegt sich in die Bewegungsrichtung, und der Rhythmus seiner Tritte verändert sich nicht.

Wenn der Richter es von vorn zu sehen bekommt, präsentiert es korrekt gerade vorschwingende Gliedmaßen. Besonders von der Seite ist zu sehen, daß es mit der Hinterhand weit unter den Schwerpunkt tritt und daß seine Vorderbeine sich bei jedem Tritt völlig strecken.

Das Durchparieren in den Schritt oder Trab erfolgt mit weicher Reaktion und geschmeidig auf Gewichtshilfe und minimale Zügelhilfe hin, und es „faltet sich dabei zusammen".

Seine Reiterin sitzt darauf in stolzer Haltung, wenngleich locker. Es fällt nicht auf, daß sie ihr Pferd je per Zügelzug zurücknehmen müßte. Sie schaut frei nach vorn und nicht konzentriert oder gar besorgt auf das Pferd – warum auch? Es geht so zuverlässig, daß sie voller Vertrauen ist und absolute Sicherheit ausstrahlt.

Darüberhinaus ist dieses Pferd auch noch ausgesprochen schön. Es ist bestens proportioniert, gut bemuskelt, hat einen schlanken Hals, hübschen Kopf, ein glänzendes Fell und feine Gliedmaßen. Jeder, der es sieht, möchte es am liebsten mit nach Hause nehmen.

In unserer Klasse haben wir zwei solcher Spitzenpferde. Der Richter weiß nicht, welches er auf den ersten und welches auf den zweiten Platz setzen soll, darum verlangt er jetzt „extended trot", den verstärkten Trab. Aber unser Superathlet weiß auch da zu glänzen. Er verlängert seine Trabschritte, ohne eilig zu werden, ohne seine Haltung zu verändern, ohne in den Galopp zu fallen, und ist auch dabei noch so rund und bequem, daß seine Reiterin nicht geworfen wird. Dann kommt das Kommando „Jog", und da pariert er sofort geschmeidig durch und ist innerhalb von zwei Tritten im Jog!

Das Back up am Schluß ist der letzte Prüfstein, und unser Favorit bewegt sich wie auf Schienen gerade rückwärts, ohne im Maul oder im Hals Widerstreben zu zeigen und ohne von seiner Reiterin sichtbare Hilfen empfangen zu haben.

Ein echtes Klassepferd! Nichts Rasantes, aber ein echter Genuß für jeden reiterlich gebildeten Zuschauer – und offensichtlich auch für seine Reiterin!

Das Quarter Horse als Trail-Pferd

Trail ist eine weitere beliebte Disziplin, an die sich oft auch relative Neulinge herantrauen. Es handelt sich um einen Hinderniskurs, bei dem die Geschicklichkeit von Pferd und Reiter geprüft wird, obwohl auch niedrige Sprünge vorkommen können. Das Öffnen eines Tores vom Sattel aus, das Durchreiten und Schließen, ebenfalls vom Sattel aus, gehört dazu, wie auch das Überqueren einer Brücke, das zentimetergenaue Rückwärtsreiten durch ein Stangen-L, zentimetergenaues Seitwärtsrichten über Stangen, das Überqueren im Schritt, Trab und/oder Galopp von am Boden liegenden Stangen, das Durchreiten von Wasser oder simuliertem Wasser und vieles mehr. Natürlich stets, ohne daß eine Stange berührt oder gar verschoben wird! Das Tor darf vom Reiter in keinem Moment aus der Hand gelassen werden! Das Pferd darf nie ungeduldig werden oder gar vor einem Hindernis scheuen!

Oben: In der Trail-Klasse muß ein Pferd Fähigkeiten unter Beweis stellen, wie sie beim Bewältigen von Hindernissen im Gelände gemeistert werden müssen (rechts)

Dazu braucht man ein Pferd, das sehr sensibel und genau auf die Hilfen reagiert, das genau aufpaßt, wohin es seine Füße setzt – zum Beispiel beim Überqueren von Stangen im Schritt, Trab oder gar

Galopp –, dessen Füße der Reiter aber auch durch seine Hilfen genau plazieren kann – zum Beispiel beim komplizierten Rückwärts- oder Seitwärtsrichten. Es muß abgeklärt sein, so daß es nicht vor ungewohnten Hindernissen scheut, aber es muß aufmerksam sein, muß sich die Hindernisse anschauen, denn nicht nur das bloße fehlerfreie Bewältigen der Hindernisse wird bewertet, sondern auch die Manier des Pferdes. Der Richter will sehen, daß das Pferd hinschaut und mitdenkt.

Die Trail-Aufgabe leitet sich vom Trail-Reiten, also vom Wanderreiten in der Natur ab. So wie man in Wald und Flur ein Pferd braucht, das sich durch reiterliche Hilfen mit Bedacht aus einer engen Notsituation steuern läßt, das ohne zu scheuen durch Wasser geht und das die Füße hebt und geschickt über umgefallene Baumstämme navigiert, so wird auch in der Trail-Klasse kein Pferd hoch bewertet, das sich ohne hinzuschauen über ein Hindernis reiten läßt und dabei – mehr zufällig – nicht stolpert oder anstößt.

Das Quarter Horse als Reining-Pferd

Die reiterlichen Hilfen, mit denen das Cowboypferd gelenkt und kontrolliert wurde, unterschieden sich deutlich von denen der hiesigen Dressurreiterei. Es wurde einhändig und überwiegend mit durchhängenden Zügeln geritten. Während der kalifornische Vaquero eine in sich hochstehende und anspruchsvolle Reiterei betrieb, die stark von der spanischen Dressur geprägt war, waren solche Leistungen für den angloamerikanischen Cowboy nicht typisch. Beide Richtungen verschmolzen im Zuge der Entwicklung des Westernreitsports, und mit dem immer höher steigenden Niveau wurden auch mehr und mehr Elemente der Dressur, wie sie in Mitteleuropa etabliert ist, adoptiert. Das Ergebnis ist bei den heutigen Spitzenpferden des Westernreitsports ein Pferd, dessen Ausbildung die besten Aspekte beider Reitkulturen reflektiert: ein Pferd, das durchlässig und durchgymnastiziert ist, das in allen Gangarten präzise arbeitet und das alles am losen Zügel mit minimaler Einwirkung ausführt, im langsamen wie im hohen Tempo.

In der Disziplin „Reining" wurden die Elemente der Cowboyreiterei, wie sie für die Rinderarbeit erforderlich sind, zu Dressurmanövern hochstilisiert und zugleich für die Ausführung genaue Qualitätsstandards definiert. Das Reining-Pferd von heute ist ein hochspezialisiertes Dressurpferd, das natürlich andere Aufgaben absolvieren muß als sie in der hierzulande etablierten Dressur verlangt werden. Zentrales Element dabei ist das Arbeiten auf der Hinterhand, das in schnellen Hinterhanddrehungen und -wendungen und im Stoppen auf der Hinterhand aus vollem Galopp Ausdruck findet.

Fliegende Galoppwechsel *a tempi* werden in der Reining nicht verlangt, aber das Wechseln aus einem schnellen Galoppzirkel in einen anderen schnellen Galoppzirkel, punktgenau in der Bahnmitte ausgeführt, beinhaltet seine eigenen Schwierigkeiten, ebenso das Wechseln aus einem schnellen Galopp-

zirkel in einen kleinen, langsamen. Und alles muß einhändig und am losen Zügel geritten werden! Kaum eins der hiesigen Dressurpferde würde sich in mehreren großen, schnellen Galoppzirkeln jagen lassen – geschweige denn am durchhängenden Zügel – und sich dann in der Bahnmitte durch ein leichtes Anheben der Zügelhand aufnehmen, wechseln und dann auf einen kleinen, langsamen Zirkel auf der anderen Hand dirigieren lassen! Und das alles u. U. unter ohrenbetäubendem Pfeifen und Anfeuern der Zuschauer! Vermutlich würde es schon beim ersten schnellen Zirkel ausflippen und durchgehen...

Das Quarter Horse dominiert die Reining-Szene absolut. Es bringt nicht nur auf den Shows bzw. Turnieren der AQHA in den Reining-Klassen hervorragende Leistungen, sondern auch die hochdotierten Wettbewerbe der National Reining Horse Association, die allen Rassen und Kreuzungen offen stehen, werden von ihm beherrscht. Diese überragende Rolle im Reining Sport spielt das Quarter Horse aufgrund seiner natürlichen Eigenschaften, sowohl im physischen, wie auch im mentalen Bereich.

Längst hat sich eine Spezialzucht für Reining-Pferde innerhalb der Zucht von Quarter Horses etabliert, wenngleich diese blutlinienmäßig kaum von der Spezialzucht für „Cow Horses", also Rinderpferde, abzugrenzen ist. Bei den Reining-Pferden sind dieselben athletischen Fähigkeiten gefragt wie bei den Rinderpferden, nur daß sie dazu noch ruhiger im Temperament sein müssen. Praktisch alle Begründer von Reining-Linien stammen aus Cow Horse-Familien´, oder sie waren sogar selbst hervorragende Cow Horses.

Die bewährtesten Reining-Linien sind heute die von Joe Cody, Hollywood Jac 86, Topsail Cody, Be Aech Enterprise und Great Pine. Doc O'Lena und Peppy San Badger haben in jüngerer Zeit großen Einfluß auf die Zucht von Reining-Pferden gewonnen, nachdem sie

Der Sliding Stop ist das Markenzeichen des Reining-Pferdes. Aus vollem Galopp stoppt das Pferd auf der Hinterhand, indem es auf den Hintereisen bis in den Stand rutscht. Die Vorderbeine bleiben bei einem guten Stop locker und laufen so lange mit, bis das Pferd zum Stehen gekommen ist

zuvor schon führend in der Zucht von Cow Horses waren. Andere Linien, die aus der Cow Horse-Zucht stammen und auch für die Zucht von Reining-Pferden wichtig wurden, sind Mr. Gun Smoke, Freckles Playboy und Colonel Freckles sowie verschiedene auf Doc Bar zurückgehende Linien.

Für die Reining-Dressur muß ein Quarter Horse alle die Eigenschaften mitbringen, welche der Rasse zu so großer Beliebtheit als Ranch-, Freizeit- und Sportpferd verholfen haben. Nur der „cow sense" muß bei dieser Disziplin nicht unter Beweis gestellt werden. Ein Reining-Pferd muß gute, geschmeidige Bewegungen haben, wenn es wirklich erfolgreich sein soll. Nur dann präsentiert es den Richtern ein so ansprechendes Bild, daß sie willig Pluspunkte vergeben. Es muß äußerst gelenkig und behende sein - die geforderten Hinterhandwendungen und vor allem die schnellen Drehungen auf der Hinterhand können von steifen, unbeholfenen Pferden nicht entsprechend ausgeführt werden. Seine Balance, seine Koordination wird getestet durch die fliegenden Galoppwechsel, wie auch durch die „sliding stops", bei denen das Pferd auf der Hinterhand aus vollem Galopp in den Stand gleitet und für die es eine äußerst starke Hinterhand und Verbindung zum Rücken haben muß.

Vor allem aber muß es als Reining-Pferd ein belastbares Nervenkostüm und eine ehrliche, willige Einstellung zur Arbeit mitbringen. Es darf nicht „heiß" werden und muß auch nach rasanten Manövern unter Kontrolle bleiben und ohne Widerstreben wieder „herunterschalten" für die langsamen. Da es nicht an Gebiß und Schenkeln stehend versammelt arbeitet, sondern in der Freiheit des losen Zügels auf Andeutungen reagiert, muß es sich in natürlicher Versammlung gut tragen. Und es darf auch keine Richtungsänderungen und Manöver vorwegnehmen, sondern muß stets zuverlässig auf die Signale des Reiters warten.

Nur Pferde von besonderen charakterlichen Qualitäten sind dazu geeignet, und solche Pferde – die dazu solche athletischen Eigenschaften haben – kann man für alles gebrauchen!

LIEBLING DER ZUSCHAUER: DAS REINING-PFERD

Oklahoma City, World Championship Show der American Quarter Horse Association – das Coliseum ist nahezu ausverkauft, denn heute abend finden die Finals der Disziplin Senior Reining statt! Die Pferde müssen einhändig mit Kandarengebiß vorgestellt werden, und je lockerer

die Zügel bleiben, desto besser werden die Ritte bewertet.

Die Atmospäre ist elektrisch – Superritte haben wir bereits gesehen, und nun kommt einer der Hauptfavoriten! Dieses Pferd hatte als Dreijähriger die Futurity der National Reining Horse Association gewonnen, war im NRHA Derby Reserve Champion geworden, hatte im selben Jahr den dritten Platz auf der AQHA World Championship Show in Junior Reining geschafft, und heute will sein Reiter mit ihm AQHA Senior Reining World Champion werden.

Da kommen die beiden gemessenen Schrittes in die große Ovalbahn. Das Pferd voller Aufmerksamkeit, die Ohren spielend, aber am durchhängenden Zügel voll unter Kontrolle. Es ist fein herausgebracht, glänzt wie eine polierte Kastanie; Satteldecke, Beinschützer und das Outfit des Reiters sind farblich aufeinander abgestimmt, an Sattel und Kopfstück funkeln gerade soviel Silberverzierungen, daß der Gesamteindruck akzentuiert wird. Der Reiter steuert es bis zum Mittelmarker und von da aus gerade und selbstbewußt zum Bahnzentrum.

Pattern Nr. 5 ist vorgeschrieben. Nachdem das Pferd ruhig und ohne Trabschritte im Linksgalopp angesprungen ist, beschleunigt der Reiter es in wenigen Galoppsprüngen und schickt es in zwei großen, kreisrunden Galoppzirkeln, die jeweils den Bahnmittelpunkt treffen, durch die

Oben: Oklahoma City, State Fair Coliseum – hier wird nicht nur jedes Jahr die AQHA World Championship Show ausgetragen, sondern auch die NRHA Reining Futurity, auf der Dreijährige Erstaunliches zeigen. Quarter Horses dominieren traditionell den Reining Sport

Links: Great Pine, einer der herausragenden Gründerhengste in der Reining Horse-Zucht, im hohen Alter auf Larry Roses Anlage in Ohio

Arena. Er steuert es trotz des enormen Tempos am lose durchhängenden Zügel, während die Zuschauer ihre Begeisterung durch anfeuernde Schreie und Pfiffe kundtun. Nach Komplettierung des zweiten schnellen Zirkels setzt er sich zurück, nimmt die Zügel kaum auf, und wie durch Zauberhand schaltet das Pferd ab und beschreibt nun einen kleinen, langsamen, gesetzten Galoppzirkel. Das Kennerpublikum quittiert auch das mit anerkennenden Zurufen.

Nachdem die beiden jetzt wieder genau im Zentrum der Arena angehalten haben, läßt der Reiter sein Pferd viermal in rasanten Spins, das sind 360-Grad-Drehungen auf der Hinterhand, herumwirbeln und bringt es punktgenau zum Stehen.

Jetzt verlangt die Pattern ein Hesitate, ein Verharren, und in der Tat steht das Pferd nach diesen rasanten Manövern nun ruhig da und wartet auf das nächste Kommando.

Dasselbe zur rechten Seite: Fliegende Mähne und wehender Schweif in fetzigen schnellen Zirkeln, tolle Speed Control beim willigen Übergang in den kleinen, langsamen Zirkel, fantastische Spins.

Das nächste Manöver ist eine Figure Eight, eine Galopp-Acht mit fliegenden Wechseln. Mit einem Bogen in den Zügeln jagt der Reiter sein Pferd durch die Acht, genau über den Spuren seiner vorherigen großen Zirkel. Die Galoppwechsel plaziert er genau in die Arenamitte. Danach kommt ein halber Zirkel am Ende der Arena, und es geht auf den Rundown zum spektakulärsten Manöver der Reining, dem Sliding Stop.

Auf der anschließenden Galoppgeraden beschleunigt der Reiter sein Pferd noch mehr. Nachdem er den Mittelmarker passiert hat, sagt der „Whoa", nimmt die Zügel leicht auf, und das Pferd setzt sich aus vollem Galopp auf die Hinterhand, gleitet auf den Hinterhufen zehn Meter weit in den Stand, wobei der durchgepflügte Hallenboden in mächtigen Wolken auffliegt und die Hinterhand des Pferdes zum größten Teil umhüllt. Die Vorhand läuft dabei locker mit. In den Stand gekommen, schnellt das Pferd blitzartig auf der Hinterhand um 180 Grad herum und galoppiert schon wieder in entgegengesetzter Richtung davon.

Dasselbe wiederholt sich auf der gegenüberliegenden Seite. Auf der Tribüne toben die Fans. Dies ist ein Klasseritt! Nun der letzte Rundown, wieder ein gewaltiger Stop, und zum Schluß geht das Pferd im Trabtempo rückwärts, bis der Reiter anhält und es glücklich am Hals tätschelt. Er kann wahrlich zufrieden sein! Ein ohrenbetäubender Applaus erfüllt das Coliseum, während der Reiter absteigt und das Pferd hinausführt. Eine Spitzenleistung, die gut zum World Champion-Titel reichen könnte!

Das Quarter Horse als Cutting-Pferd

Bei jeder Rinderarbeit, aber besonders beim Cutting, zeigt das Quarter Horse die Eigenschaft, für die es fast noch berühmter wurde als für seinen Speed über kurze Renndistanzen: den „cow sense", das angeborene Talent, der angeborene Sinn für die Rinderarbeit.

Dieser innere Trieb zur Rinderarbeit ist bei den Quarter Horses unterschiedlich stark ausgeprägt, aber keine Rasse der Welt bringt Pferde hervor, die mit solcher Inbrunst und solcher Effektivität Rinder arbeiten. Man kann es vergleichen mit dem Hütetrieb von Border Collies, der auch angeboren ist.

Bei der Reitdisziplin Cutting, bei der es ganz offensichtlich ist, daß sie aus der Rancharbeit entwickelt wurde, wird ein Rind von der Herde abgesondert (aus der Herde „herausgeschnitten", daher das Wort „cutting"). Dabei darf der Reiter das Pferd noch lenken. Sobald ein Rind isoliert ist, muß der Reiter die Zügelhand senken, und das Pferd hindert nun selbständig das Rind daran, wieder zur Herde zurück zu laufen.

Der Reiter darf ab diesem Zeitpunkt die Zügel, die weit durchhängen, nicht mehr benutzen. Wenn seine Zügelhand auch nur zucken sollte, würde das jedesmal mit einem Minuspunkt bestraft!

Sogenannte Turnback-Reiter treiben das ausgesonderte Rind, das bald die Vergeblichkeit seiner Bemühungen einsieht und von dem Cutting-Pferd weglaufen will, immer wieder in Richtung Herde, also auf den Cutter zu, damit dieser in den ihm zur Verfügung stehenden 2 1/2 Minuten möglichst viel Gelegenheit bekommt, um zu zeigen, wie gut sein Pferd arbeiten kann.

Abhängig von der Spritzigkeit der Rinder – es werden für die hochrangigen Wettbewerbe junge, temperamentvolle, schnelle Rinder genommen – muß das Pferd die unglaublichsten Sätze machen und Haken schlagen, um diesen Job erledigen zu können. Es führt Bewegungen aus, die man höchstens Katzen zutrauen würde. Und auch das würde ihm alles nichts nützen ohne die Fähigkeit, das Rind „le-

Die Intensität, mit der ein Cutting-Pferd arbeitet, und die athletischen Fähigkeiten, die es haben muß, um – auf der Hinterhand arbeitend – ein Rind auszumanövrieren, werden hier demonstriert von Talk About Smart unter Brent Loesecke (Foto Courtesy Babcock Ranch)

Wenn Rinder von den Cowboys gearbeitet werden müssen, geht es oft darum, bestimmte auszusondern, wie hier auf einer Ranch in Norddakota. Je besser ein Pferd dabei mitarbeitet, desto leichter und schonender für die Rinder fällt die Arbeit. Daraus entstand die Turnierdisziplin Cutting

sen" zu können, ihm ansehen zu können, wohin es als nächstes springen will. Nur wenn es die Bewegungen der Kuh vorausahnt, hat das Cutting Horse die Chance, ihr den Weg abzuschneiden.

Das gute Cutting Horse wird dabei immer kleiner, flacher, es krabbelt fast mit dem Bauch auf der Erde. Es starrt die Kuh an, als wolle es sie hypnotisieren – kein noch so minimales Mienenspiel der Kuh entgeht ihm. Es tanzt auf der Stelle, wenn es die Kuh „festgenagelt" hat und diese nur noch ansatzweise versucht, sich mal hierhin, mal dahin zu wenden. Jeder kleinsten Bewegung der Kuh folgt das Pferd auf Beinen, die wie auf Luftkissen zu laufen scheinen.

Dreht das Rind dem Cutter das Hinterteil zu, oder steht es auf allen vier Beinen still, kann der Cutter die Zügel annehmen und so dem Pferd sagen, daß die Arbeit an diesem Rind vorbei ist. Bleibt ihm noch Zeit, kann er sich ein neues Rind holen, und der Tanz beginnt von neuem...

In der Cutting-Zucht findet man die kleinsten Quarter Horses; viele sind ausgesprochen zierlich. Hier ist höchste Beweglichkeit ein Muß, und die können große, schwere Pferde nicht bringen. Die Cutting-Zucht ist – wie z.B. auch die von Rennpferden – eine reine Leistungszucht. Und die höchsten Gewinngelder werden im Cutting ausgeschüttet. Einen Cutting Trainer interessiert nicht, ob das Pferd besonders schön oder weniger schön ist, ob es größer oder sehr klein ist, ob es braun oder grau, schwarz oder gelb ist – ihn interessiert nur, wie gut es cutten kann.

Verschiedene Söhne von King, besonders Poco Bueno, haben großen Einfluß auf die Zucht von Cutting-Pferden gehabt. Später wurde die Zucht revolutioniert und absolut dominiert durch die Nachkommen von Doc Bar, einem Enkel von Three Bars. Der Einflußreichste unter den vielen großartigen Söhnen Doc Bars war Doc O'Lena, und dessen Sohn Smart Little Lena wiederum wurde zum gewinnreichsten Cutting-Pferd und seinerseits wieder zu einem führenden Vererber. Ebenso erfolgreich im Sport und bedeutend in der Zucht wurden Mr. San Peppy, ein Leo San-Abkomme, und dessen Sohn Peppy San Badger. Andere hochrangige Cutting-Vererber sind und waren z. B. Freckles Playboy, Colonel Freckles, Kings Pistol, Royal King, Hollywood Gold, Mr. Gun Smoke und Cutter Bill.

VON KÜHEN BESESSEN: DAS CUTTING-PFERD

An der Mitte der kurzen Bahnseite befindet sich die Herde. Es sind feiste Jungrinder, bis zu den Ohrenspitzen voll Energie und Übermut. Rechts und links haben sich die „Corner Men" postiert,

Reiter, die dafür sorgen sollen, daß die Herde geballt vor der Mitte der kurzen Seite bleibt. Gegenüber von der Herde befinden sich in einigem Abstand die Richter, und etwa zwischen ihnen und der Herde stehen zwei Reiter, die sogenannten „Turnback Men".

Jetzt kommt der Cutter in diesen Bereich. Sein Quarter Horse geht in langsamem Schritt und schaut aufmerksam zur Herde. Der Cutter läßt die Herde ebenfalls nicht aus den Augen, hat er doch die einzelnen Tiere vorher lange studiert und sich einen Plan gemacht, welche er „arbeiten" will.

Der Cutter reitet neben der Herde bis an die Bande und schiebt sich dann von hinten in die Herde hinein, ohne diese zu beunruhigen. Nur die Rinder, die sich direkt vor ihm befinden, weichen ihm aus.

Von der Mitte der Herde aus treibt der Cutter nun vorsichtig eine Gruppe Rinder vor sich her und bringt sie so aus der Herde heraus. Die beiden Corner Men reiten außen flankierend, bleiben dann zurück, und nach und nach erlaubt der Cutter den Rindern, die er vor sich hat, seitlich an ihm vorbei wieder zur Herde zurückzulaufen, bis sich schließlich nur noch das vor ihm befindet, für das er sich entschieden hatte. Das Ganze ging so unauffällig vor sich, daß dieses Rind gar nicht recht mitbekommen hat, was ablief und wieso es jetzt auf einmal allein da steht.

Jetzt ist in Sekundenbruchteilen zweierlei passiert: Das Rind hat seine Lage erkannt und will eilig wieder in die Sicherheit der Herde zurück, und der Cutter, der sein Pferd bis hierhin mit hoher Zügelhand gelenkt hat, senkt diese nun auf den Widerrist, so daß die Zügel weit durchhängen, und verläßt sich nur noch auf die Reaktionen seines Pferdes.

Das Cutting-Pferd, das längst gemerkt hatte, welches Rind es arbeiten soll, versperrt mit einem Satz dem Rind den Weg, damit es nicht zur Herde zurück kann. Das Rind springt zur Seite und will an ihm vorbei, aber wie eine Katze ist ihm das Cutting-Pferd wieder in den Weg gesprungen und blockt es ab – alles, ohne daß sich die Zügelhand des Cutters auch nur einmal am Widerrist des Pferdes bewegt hätte!

Jetzt hat sich das Rind einmal um die eigene Achse gedreht und rennt los, um im Bogen seitlich zur Herde zu gelangen. Das Cutting Horse läßt das Rind nicht aus den Augen und schneidet ihm gekonnt den Weg ab. Ein Haken in die andere Richtung – aber weil das Cutting Horse wie ein Schatten mitgesprungen ist, kommt das Rind nicht weit und muß erneut einen Haken schlagen, so daß Cutting-Pferd und -Reiter es jetzt wieder mitten vor der Herde haben, da, wo es Pluspunkte von den Richtern gibt.

Das Rind, das bis jetzt das Ganze vielleicht noch als Spiel aufgefaßt hat, macht jetzt ernst und schlägt in der Mitte rechts und links Haken, um an diesem Tier, das sich immer in den Weg stellt, vorbeizukommen. Keine Chance! Fast auf dem Bauch krabbelnd, springt das Pferd auf der Hinterhand hin und her und fixiert das Rind, „hypnotisiert" es, so könnte man meinen. Für Sekundenbruchteile starren sich die beiden Tiere an, ducken mal hierhin, mal dahin, das Pferd immer ein Spiegelbild der Bewegungen des Rindes.

Schließlich gibt das Rind auf und rennt von der Herde weg, um sein Heil woanders zu suchen – nur weg von diesem Tier, das ihm keine Chance läßt! Doch da stellen sich ihm die Turnback-Reiter in den Weg und drücken es erneut wieder auf den Cutter zu. Der Tanz beginnt von neuem!

Als das Rind resigniert und einen Moment stockstill steht und das Cutting-Pferd nur ratlos anschaut, beendet der Cutter die Arbeit und wendet sein Pferd ab, um in der verbleibenden Zeit – insgesamt stehen ihm 2,5 Minuten zur Verfügung, um die Fähigkeiten seines Pferdes zu demonstrieren – noch ein weiteres Rind „herauszuschneiden" und zu arbeiten.

Die fachkundigen Zuschauer spenden frenetischen Beifall. Sie wissen die Klasse-Leistung zu würdigen, die sie gesehen haben.

Das Quarter Horse als Reined Cow Horse

Die Disziplin Reined Cow Horse wird bei den Zuchtverbänden wie der AQHA „Working Cowhorse" genannt, also soviel wie „Rinderarbeitspferd". Ein Cutting Horse ist natürlich im Prinzip auch ein Rinderarbeitspferd, aber mit Reined Cow Horse oder Working Cowhorse wird heute ein besonderer Wettbewerb bezeichnet, der sich aus Elementen des Cuttings und des Reinings zusammensetzt und außerdem noch zusätzliche Aufgabenstellungen beinhaltet. Bei den Zuchtverbänden besteht die Disziplin aus zwei Teilen, dem „reined work", auch „dry work" genannt, und dem „fence work". Die „reined work" ist nichts anderes als eine Reining, für die es spezielle vorgeschriebene Aufgaben gibt.

Die Punktzahlen aus beiden Durchgängen ergeben, zusammengezählt, die Endplazierung. Bei den Wettbewerben der National Reined Cow Horse Association kommt noch eine „herd work" dazu, die praktisch ein Cutting darstellt, bei dem aber die Zügel benutzt werden dürfen.

In der „fence work" wird ein einzelnes Rind zum Reiter in die Bahn gelassen, das dieser dann arbeiten muß. Er muß es zuerst an der kurzen Seite so lange halten, daß er komplette Kontrolle darüber demonstriert hat; das wird „boxing" genannt. Dann schickt er es an einer langen Seite entlang des Zaunes oder der Wand und muß es wenigstens einmal in jede Richtung abblocken, es also gegen den Zaun abwenden und es auf diese Weise zwingen, in die entgegengesetzte Richtung zu laufen. Schließlich muß er es zur Bahnmitte treiben und dort so dirigieren, daß es in jede Richtung einen Kreis läuft.

Reined Cow Horse oder Working Cowhorse ist eine Disziplin, die alles in sich vereint, was Westernreiten bedeutet und was es spannend macht. Sie ist für die Pferde

überaus anstrengend und besonders für die Reiter nicht ungefährlich! Ein Pferd muß, um in dieser Disziplin gut zu sein, eine weitgehende dressurmäßige Ausbildung haben. Es muß außerdem von Natur aus mit viel Speed ausgestattet sein, denn es ist immer wieder erstaunlich, wie schnell Rinder kurzfristig sein können, und es muß sehr beweglich und wendig sein, sonst kann es weder den ersten Teil der Rinderarbeit, das „boxing", noch die „herd work" und auch das Abblocken an der Bande nicht bewältigen.

Wie nicht anders zu erwarten, sind bei den Reined Cow Horses dieselben Blutlinien zu finden, die in den Cutting- und Reining-Zuchten dominieren.

Die Disziplin Reined Cow Horse oder Working Cowhorse vereint die Anforderungen, die an ein Reining Horse gestellt werden, mit denen des Rinderpferdes. Auf der NRCHA World Championship Reined Cow Horse Futurity (Bild oben) werden drei Teilprüfungen verlangt: Reined Work (Dry Work), Herd Work (Cutting) und Fence Work. Bei der Fence Work muß das Pferd in jeder Richtung gegen den Zaun abgeblockt (oben und oben rechts) und anschließend in der Bahnmitte gezirkelt werden (links und oben rechts)

Das Quarter Horse als Roping-Pferd

Roping werden die Wettbewerbe genannt, bei denen Rinder vom Sattel aus mit dem Wurfseil, dem „rope“ (den Deutschen besser als „lasso“ bekannt) gefangen werden. Auch bei diesen Disziplinen, die unverfälscht der Rancharbeit entlehnt sind, ist das Quarter Horse in seinem Element! Hier muß es Speed unter Beweis stellen, aber auch ehrlichen Arbeitswillen, Stoppvermögen, Balance und Kraft.

Die wichtigsten Roping-Disziplinen sind Team Roping, Calf Roping und Single Steer Roping. Das Team Roping stammt von der amerikanischen Westküste und heißt so, weil ein Team von zwei Reitern ein Rind fängt. Der eine, „header“ genannt, fängt das Rind am Kopf bzw. an den Hörnern, der andere, der „heeler“, fängt es an den Hinterbeinen. Dementsprechend läuft diese Disziplin auch unter der Bezeichnung „Heading and Heeling“, und bei den AQHA-Disziplinen ist sie unterteilt, d.h. Heading ist eine separate Klasse, wie auch Heeling.

Beim Team Roping bleiben beide Reiter im Sattel. Ihre Ropes wickeln sie nach dem Wurf in wenigen Windungen um das Sattelhorn und können so auch ein schweres Rind halten. Sind Kopf und Hinterbeine gefangen, können sie das Rind an ihren „ropes“ zwischen den beiden Pferden immobilisieren, d.h. ausgestreckt halten.

Sobald das Rind an den Ropes von Header und Heeler ausgestreckt ist, wird die Zeit genommen, denn Roping-Disziplinen sind sogenannte Timed Events.

Beim Single Steer Roping fängt ein Cowboy einen Ochsen, indem er die Wurfschlinge über dessen Kopf wirft, dann dem Wurfseil einen Schwung gibt, so daß es an der ihm abgewandten Seite des Ochsen hinter dessen Hinterhand her verläuft, und dann überholt er den Ochsen so, daß dieser fast in der Luft umgedreht wird und zu Boden fällt.

Beim Calf Roping dagegen fängt ein Reiter ein Kalb. Sobald er die Wurfschlinge durch einen Ruck zugezogen hat – und noch bevor das Seil stramm wird –, springt er vom Pferd ab und rennt auf das Kalb zu. Inzwischen hat sein Pferd selbständig hart gestoppt, wodurch das Kalb, nachdem es am Ende des Ropes angekommen war, ebenfalls gestoppt und in der Regel zu Boden geworfen wurde. Das Pferd hält selbsttätig das Seil stramm. Der Cowboy muß nun in Windeseile das Kalb, das wieder aufgestanden ist, zu Boden werfen und ihm mit einem kurzen Strick, den er unterm Gürtel mit sich führt oder im Mund gehalten hat, drei Beine fesseln. Hat er das geschafft, wird seine Zeit gestoppt.

Bei allen Roping-Disziplinen kommt es auf die schnellste Zeit an. Die Pferde warten in einer Startbox, „chute“ genannt, auf das Startsignal. Sie müssen enorm spurtstark sein und den Reiter in der kürzestmöglichen Zeit in eine Position bringen, aus der er seinen Wurf anbringen kann – das geschieht bei guten Runs in zwei oder drei Sekunden. Dann müssen sie entweder stoppen oder abbiegen und das Rind halten. Ein Wettbewerb, der dem Quarter Horse auf den Leib geschrieben ist.

Das Roping ist bei der Arbeit draußen auf den Ranches natürlich viel schwieriger – für das Pferd und für den Cowboy. Da geht es bei der Verfolgung eines Rindes oft über Stock und Stein, und das Pferd muß nicht nur Speed mitbringen, sondern auch große Trittsicherheit und Ausdauer.

Oben: Roper haben in der Regel Quarter Horses von guter Größe (ca. 1,55-1,58 m) und guter Knochenstärke, die zugleich auch Speed mitbringen müssen

Calf Roping; dabei ist das Rope (Lasso) fest am Sattelhorn verknotet. Wenn der Roper die Schlinge um den Hals des Kalbs geworfen hat, springt er ab, läuft zum Kalb, wirft es auf die Seite und fesselt ihm drei Beine. Das Pferd hält die ganze Zeit selbständig das Rope stramm

Unten: Typischer amerikanischer Horse Trailer, in denen die Pferde zu Shows und Rodeos gefahren werden. Diese Roping-Pferde warten geduldig auf ihren nächsten Einsatz
Ganz unten: Team Roping – der Header hat seine Schlinge bereits um die Hörner des Rinds geworfen und zieht dieses nun für den Heeler passend, damit der die Hinterbeine fangen kann

Links: Abseits eines Ranch Ropings auf der 6666 Ranch vergnügen sich Kinder der Cowboys mit einem Quarter Horse-Wallach, der gerade nicht gebraucht wird. Unten links: Calf Roping - explosionsartig verläßt das Quarter Horse die Chute und hält nach dem Fang selbständig das Rope stramm (darunter). Unten: In der Pause läßt Papa seinen Jüngsten ein wenig mitreiten. Ganz unten: Team Roping – der Header hat seinen Catch gemacht, der Heeler fängt gerade die Hinterbeine des Rindes mit dem Rope

Links: So sieht Team Roping bei der tatsächlichen Rancharbeit aus. Während der Heeler noch mit seinem Pferd das Heel Rope stramm hält, steigt der Heeler ab (sein Pferd hält in diesem Fall selbständig das Rope stramm) und geht zum gefangenen Rind, um es medikamentös zu behandeln, zu brennen, zu kastrieren oder was immer sonst mit ihm geschehen muß

Unten links: Volksfeststimmung auf einem sonntäglichen Übungs-Roping in Buffalo, Wyoming. Aufmerksam werden die, die gerade ropen, von den anderen beobachtet

Das Quarter Horse als Barrel Racer

Das Barrel Racing hat mit der Rancharbeit eigentlich nichts zu tun. Es ist einfach ein Rennen, bei dem von den Pferden neben großer Schnelligkeit auch Wendigkeit und Manövrierfähigkeit verlangt wird, da auf vorgeschriebenem Kurs um drei Tonnen herum geritten wird. Eine schnelle Zeit kommt nur zustande, wenn die Tonnen sehr knapp umrundet werden, und das wiederum geht nur, wenn sich das Pferd nach den Spurts wieder gut aufnehmen und lenken läßt! Allzu leicht ist auch eine Tonne umgeworfen, was mit 5 Strafsekunden geahndet wird und nicht mehr aufzuholen ist!

Das Quarter Horse ist auch in dieser Sportart unerreicht, die von enormer Rasanz geprägt ist. Beim Umrunden der Tonnen graben sich die Pferde fast ein, um dann wieder in gewaltigen Sätzen – die be-

Oben und rechts unten: Unglaubliche Dynamik und atemberaubender Speed sind zu beobachten, wenn gute Barrel Racer an den Start gehen, wie hier bei den National High School Rodeo Finals in Gilette, Wyoming

sten sind mit nur zwei Sprüngen wieder auf Höchstgeschwindigkeit – auf die nächste Tonne zuzuschießen. Nach der dritten geht es dann auf die Zielgerade, aber wer bis dahin um die Tonnen herum zuviel Zeit verloren hat, kann dies auf der Zielgeraden nicht mehr gutmachen...

Barrel Racing-Pferde haben meistens einen guten „Schuß" Rennblut, also Vollblut.

Das Quarter Horse als Pole Bending-Pferd

Auch beim Pole Bending fehlt der direkte Bezug zur Rancharbeit, wenngleich die Qualitäten, die für diese Disziplin vorhanden sein müssen, für ein Ranchpferd ein großes Plus darstellen.

Beim Pole Bending entscheidet ebenfalls die schnellste Zeit, aber mehr noch als beim Barrel Racing wird hier die Rittigkeit des Pferdes gefordert, denn es geht – abgesehen von der Anfangsgeraden und der Zielgeraden – im Slalom um sechs Stangen herum. Pferde, die gut im Gleichgewicht und geschmeidig sind und mühelos fliegend den Galopp wechseln können, sind hierbei im Vorteil.

Das Quarter Horse als Western Riding-Pferd

„Western Riding" heißt nichts anderes als „Westernreiten", darum ist es für viele verwirrend, innerhalb der Westernreitdisziplinen eine anzutreffen, die so genannt wird.

„Western Riding ist eine Disziplin, bei der das Pferd bezüglich der Qualität seiner Bewegungen, der fliegenden Galoppwechsel, des Gehorsams gegenüber den reiterlichen Hilfen, den Manieren und des Betragens bewertet wird", sagt das Regelbuch der American Quarter Horse Association. „Das Pferd soll in angemessenem Tempo gehen, sich vernünftig anstellen, brav sein und sich frei und leicht bewegen."

Das Besondere an dieser Klasse ist, daß je nach Pattern sieben oder acht fliegende Galoppwechsel verlangt werden, die genau an vorgeschriebenen Stellen, nämlich mitten zwischen den Markierungen, stattfinden sollen. Außerdem werden Schritt und Trab verlangt sowie das Überqueren einer am Boden liegenden Stange im Trab und Galopp und, bei der alten Western Riding Pattern, das Öffnen, Durchreiten und Schließen eines Tores wie in einer Trail-Prüfung.

Wenn man auf großen Quarter Horse-Turnieren, wie z.B. der AQHA World Championship Show, die Western Riding-Prüfungen anschaut, dann kann man nur begeistert sein, wie absolut weich, geschmeidig und gleichmäßig die Pferde Galoppsprung für Galoppsprung durch die Pattern laufen! Da muß man schon genau hinsehen, um erkennen zu können, wann ein fliegender Galoppwechsel ausgeführt wird – weder das Gesamtbild des Reiters, noch das des Pferdes verändert sich dabei, und der letzte Galoppsprung ist noch genau im selben Tempo wie der erste!

Gerade in der Disziplin Western Riding stellt das Quarter Horse seine fantastische Rittigkeit unter Beweis.

Western Riding: Auf vorgeschriebenem Kurs geht es mit geschmeidigen Galoppwechseln im Slalom um die Pylonen. Die fliegenden Wechsel müssen stets genau in der Mitte zwischen den Pylonen gesprungen werden

Links: Quarter Horse-Herde auf einer Ranch in Colorado

Das Quarter Horse als Spazier- und Wanderreitpferd

Oft werden Spazier- und Wanderreitpferde kurz als „Freizeitpferde" bezeichnet. Das ist nicht korrekt, denn die meisten Turnierpferde sind Freizeitpferde. Jedes Pferd, das nicht beruflich oder geschäftlich im Einsatz ist, ist ein Freizeitpferd, ob es nun ausschließlich durch den Busch geritten wird oder ein Amateur World Champion ist.

Ist das Quarter Horse ein ideales Spazier- und Wanderreitpferd?

Urteilen Sie selbst: Würden Sie sich dafür ein Pferd wünschen, das von mittelgroßer, handlicher Statur ist, aber zugleich so kräftig, daß es jeden Erwachsenen problemlos tragen kann? Würden Sie sich weiche, bequeme Gänge wünschen? Ein unkompliziertes, ausgeglichenes Temperament? Eins, das leicht zu reiten ist, sensibel reagiert, aber „klar im Kopf" bleibt? Nun, alles das hat das Quarter Horse zu bieten! Eigenschaften wie Trittsicherheit und Ausdauer gehören ebenfalls zur Rasse, sind aber in hohem Maße von Aufzucht, Haltung und Training abhängig und können bei kaum einer Pferderasse automatisch als gegeben betrachtet werden.

Das Quarter Horse als Allrounder

Früher hieß der Slogan, mit dem die American Quarter Horse Association warb, in typischer amerikanischer Bescheidenheit „Das vielseitigste Pferd der Welt". Es waren die Allround-Eigenschaften, die das Quarter Horse auszeichneten. Viele der heutigen Quarter Horses zeichnen sich nach wie vor durch vielseitige Verwendungsmöglichkeiten aus, wenngleich es in den letzten Jahrzehnten, wie bereits erwähnt, eine extreme Zucht von Spezialpferden in verschiedenen Bereichen gegeben hat.

Wer ein Allround-Pferd sucht, der ist am besten beraten, wenn er sich unter den guten Reining-Pferden umsieht. Ein gutes Reining-Pferd oder ein potentiell gutes Reining-Pferd ist auf die Eigenschaften hin gezogen, die in allen Sparten der Reiterei gut zu gebrauchen sind: Es handelt sich um ein Pferd mit Eye Appeal, mit gutem, ehrlichem Wesen, guten Nerven, guten Bewegungen und guten athletischen Fähigkeiten.

Es gibt überhaupt keinen Grund, weshalb ein solches Pferd, das in der Lage ist, die schwierigen Manöver der Reining auch in Stress-Situationen ausführen zu können, das sich am losen Zügel selbst trägt und zuverlässig auf feine Hilfen reagieren kann, nicht auch in den meisten anderen Bereichen der Reiterei bestens zu gebrauchen ist. Es mag nicht immer genug „cow sense" haben, um ein gutes Cutting-Pferd zu werden, und es mag nicht genug Speed haben, um auf der Rennbahn top zu sein, aber wie gut es neben der Reining in der Horsemanship, in der Pleasure, im Trail, im Western Riding, im Gelände oder als Ranchpferd ist, hängt nur von der Qualität seiner Ausbildung ab, nicht von seinen natürlichen Möglichkeiten.

Auch auf viele gute Pleasure-Pferde trifft dies zu. Sie können bei entsprechender Ausbildung ordentliche Reining-Pferde abgeben und haben bei Trail, Western Riding, Horsemanship und als Geländepferd alle Möglichkeiten.

Von vielen anderen Disziplinen aus kann man allerdings auf eine solche Allround-Veranlagung nicht schließen: Ein Pferd, das im Trail höchste Ehren errungen hat, muß beispielsweise deshalb noch lange nicht das Zeug haben, um in anderen Disziplinen sehr gut aussehen zu können. Ein super Cutting-Pferd kann über fantastische athletische Fähigkeiten verfügen, und es mag doch für Reining zu heiß sein, für Pleasure nicht die richtige Mechanik, für Western Riding nicht die nötige Rittigkeit haben.

Innerhalb der Quarter Horse-Zucht sind es vor allem die Spezialzuchten von Reining- und Pleasure-Pferden, die echte Allrounder hervorbringen. Oftmals wird allerdings bei Pferden, die von der Abstammung her in keiner Beziehung etwas Besonderes darstellen, gern von „Allroundern" gesprochen. Ein Pferd muß deshalb, weil es keine besondere, spezielle Abstammung hat, noch lange keine Allround-Fähigkeiten haben.

So ziemlich bei jeder Quarter Horse Show wird ein All-around Champion gekürt. Leider bedeutet das Gewinnen dieser Auszeichnung nicht notwendigerweise, daß es sich tatsächlich um ein gutes Allround-Pferd handelt. Viele Besitzer bzw. Reiter gerade von guten Pferden heben gar nicht auf diesen Titel ab und nehmen deshalb nicht an den erforderlichen Klassen teil, um ihr Pferd dafür zu qualifizieren. Es *kann* darum so sein, daß ein Pferd nur deshalb den Titel gewinnt, weil sein Reiter es ohne Rücksicht durch alle möglichen Klassen geschickt hat. Das sind keine echten Allrounder.

Ein Allround-Pferd kann ein Pferd sein, das in keiner Disziplin wirkliche Spitzenleistungen bringt, aber es zeigt in vielen gute bis ausreichend gute Leistungen. Es gibt jedoch durchaus auch Allround-Pferde, die in den meisten Bereichen gut, in einer oder mehreren Disziplinen aber sogar absolut top sind!

Neuerdings meinen manche Insider, auch in der Quarter Horse-Turnierszene wieder einen Trend zum Allround-Pferd zu erkennen.

Rechts: Es gibt sie noch, die robusten Ranch Quarter Horses alten Schlages – diese Jährlinge und Zweijährigen auf einer Ranch in Süddakota wurden soeben auf ihre Winterweide entlassen, wo sie ohne Stall den ganzen Winter über allein auf sich gestellt überdauern müssen

Es macht ja auch den Besuch eines Turniers viel lohnender, wenn man nicht nur an einer Klasse teilnehmen kann, sondern an mehreren!

Das Quarter Horse als Ranchpferd

Auch das gibt es noch: Quarter Horses, die als Ranchpferde aufwachsen und eingesetzt werden – und deren Eltern oft auch schon „nur" Ranchpferde waren.

In einer Pferdezucht, die von Show-Pferden in all ihren Varianten dominiert wird, gibt es das Quarter Horse noch immer in der Form, in der es vor allem im 19. Jahrhundert – neben den Rennen – seine Reputation schuf, nämlich als Ranchpferd.

Ein Ranchpferd ist häufig ein Allround-Pferd. Es muß vor allem sicher im Gelände sein, es muß schnell genug sein, um auch im offenen Gelände ein Rind einholen zu können, damit es mit dem Rope gefangen werden kann, es muß ausdauernd sein, wetterhart, arbeitswillig, und normalerweise wird von ihm so viel *cow sense* erwartet, daß es Cutting-Aufgaben erfüllen kann und beim Treiben von Vieh eine wertvolle Hilfe ist.

Oben: Eine Stutenherde von Hank Wiescamp, denen es im kalten Colorado-Winter ohne Stall bestens geht
Links: Stutenherde auf der berühmten King Ranch in Südtexas

Eine Ranch In Süddakota – vorn eine Zuchtgruppe von Quarter Horses in der frühen Morgensonne, Stuten und Hengst, ein Fohlen schläft liegend. Im Hintergrund die Ranchgebäude

Oben: Zwei Cowboys treiben eine Herde Rinder in Südtexas
Links: Mit weit über 70 Jahren arbeitet dieser Rancher in Norddakota noch täglich mit seinem Quarter Horse-Wallach

Auf großen Ranches, die auch heute, wo Hubschrauber und Geländewagen zum Einsatz kommen, noch viele Arbeitspferde benötigen, wachsen die Pferde sehr natürlich auf bzw. werden sehr natürlich gehalten. Sie müssen sich im jugendlichen Alter – oder erwachsene Tiere außerhalb der Saison – überwiegend selbst durchschlagen und ihr Futter finden, ganz ähnlich dem Leben von Wildpferden. Sie lernen, auch in baumlosem Gelände Schutz zu finden oder, wo es keinen gibt, dem Wetter die Hinterhand zuzudrehen und durch dickes Fell und Härte zu überdauern.

Solche Ranch Quarter Horses sind häufig nicht die edelsten oder schönsten, aber sie sind genügsam, belastbar, trittsicher, robust und klar im Kopf. Daß nicht mehr sol-

Die Weite von Westtexas – Pferde, die hier aufwachsen sind noch das, was Quarter Horses einmal berühmt gemacht hat: harte Arbeitspferde, ideale Partner für Rancher und Cowboys

cher Pferde nach Europa importiert werden liegt zum Teil daran, daß sich die Szene ganz nach amerikanischem Vorbild auch bei uns stark auf das Turniergeschehen ausrichtet, daß Ranchpferde meistens dressurmäßig nicht gut oder gar schlecht geritten sind und daß sie nicht selten auch Narben oder andere Schönheitsfehler haben, denn wie heißt es doch? „Wo gehobelt wird, da fliegen Späne“.

Das Quarter Horse als „English“-Reitpferd

Mit „English Style“bezeichnen die Amerikaner jenes Reiten, das mit der auch in Deutschland traditionellen Ausrüstung stattfindet, ob Dressur oder Springen. Dazu hat die AQHA „English Classes“ eingeführt, wie Working Hunter , Hunter Hack, Hunter under Saddle, Jumping, Equitation over Fences oder Hunt Seat Equitation. Leider ist festzustellen, daß die Leistungen in diesen Disziplinen oft wenig zu tun haben mit dem, was man in

Europa oder auch in den einschlägigen Kreisen in Amerika gewohnt ist. Das liegt aber weniger an den Pferden, als an der Ignoranz der Ausbilder und Reiter, für die die „English"-Klassen meistens nur Kostümklassen zu sein scheinen und nur als weitere Möglichkeiten zum Punktesammeln angesehen werden.

Daß Quarter Horses tatsächlich imstande sind, auch auf diesem Gebiet zu konkurrieren, zeigen gelegentliche Erfolge in den eigentlichen, rasseoffenen Dressur- und Springwettbewerben, vor allem in den USA.

Das Quarter Horse als Fahrpferd

Selbstverständlich kann man Quarter Horses auch fahren. Es sind keine Karossiers, weil ein hoher Aufsatz nicht typisch für diese Rasse ist und Knieaktion ebenso wenig, aber sie machen angespannt durchaus eine gute Figur und könnten mit ihrer Kooperationsbereitschaft, Intelligenz und Zugkraft durchaus in internationalen offenen Konkurrenzen wettbewerbsfähig sein, wenn sich nur die richtigen Spezialisten ihrer annehmen würden.

Die AQHA bietet die Disziplin Pleasure Driving als anerkannte Turnierklasse an, in der Points errungen werden können.

Beim Pleasure Driving werden die Bewegungen des Pferdes bewertet, die flach, korrekt und frei sein sollen, und sein Ausdruck. Es darf seinen Kopf weder zu hoch noch zu tief halten und muß auch in gerader Linie rückwärts richten.

1856, bei McKinney, Texas.

Von dem Ast dieser Lebenseiche aus haben wir einen guten Überblick und können fast den gesamten Track einsehen, ausgenommen die Senke von William's Draw. Drüben auf der Anhöhe kann man durch die Bäume den Start sehen. Jim Throckmorton kann jeden Augenblick mit seinem schwarzen Hut das Startzeichen geben.

Jetzt ist es schon fast halb zwei, und immer noch werden Wetten abgeschlossen, und immer noch scheinen Wagen mit Schaulustigen dazuzukommen. Männer, Frauen, Kinder, Indianer, Neger – eine Menschenmenge, wie es sie in McKinney noch nicht gegeben hat! Die meisten sind schon gestern angekommen, mit Kind und Kegel. Dabei ist das Foote House das einzige Gasthaus im Town und hat nur vier Zimmer! Über 30 Frauen sollen die Nacht darin verbracht haben! Die Männer schliefen fast alle draußen, unter den Andächern, den Leiterwagen oder einfach unter freiem Himmel.

Nur gut, daß Sheriff Lovejoy alles gut unter Kontrolle halten konnte! Trotz der Betrunkenen... Whiteley's Saloon war zum Bersten voll, und sie hatten sieben Bartender im Einsatz, die hin und her liefen und auch den Männern draußen Drinks hinausbrachten, die keinen Platz im Saloon gefunden hatten.

James, der Sheriff, hat selbst auch ganz schön gewettet. Ich hörte ihn zu Jordon Straughan sagen: „Well, Jordon, jeden Cent, den ich zusammenkratzen konnte, habe ich auf Old Monmouth gesetzt. Sieh' ihn dir an – glaubst du, der könnte nicht laufen?"

Womit er natürlich recht hat! Alle hier glauben, daß dieser Steel Dust keine Chance hat. So wie der sieht doch kein Rennpferd aus. Wenn Sie mich fragen: So wie der sieht normalerweise überhaupt kein Pferd aus! Nicht nur, daß er viel kleiner ist als Harrison Stiffs Monmouth und mindestens 12 Jahre alt – irgendwie sieht er fast deformiert aus. Yes, Sir, deformiert würde ich sagen. Derartige Muskelberge habe ich noch bei keinem Pferd gesehen, be-

sonders an den Forearms und Gaskins und an den Knien – eigentlich überall. Sogar am Kopf. Ich würde sogar sagen, besonders am Kopf. Dicke Muskelstränge auf der Stirn und die Kinnbackenmuskeln so dick, als habe in jeden eine Hornisse gestochen. Eine Hinterhand wie die eines Zugpferdes – oder doch eher anders: nicht gespalten wie bei einem Kaltblüter und eher noch muskelbepackter!

Und wie er da herumsteht! Als sei er kurz vor dem Einschlafen. Monmouth dagegen, das ist ein Pferd! Boy, der hat Temperament! Da ist Feuer drin!

Jetzt sieht's aus, als ginge es jeden Moment los. Die armen Leute aus Lancaster und Dallas, schätze, die werden in ein paar Minuten am Bettelstab gehen. Alles haben sie auf diesen Steel Dust gesetzt – wie kann man nur! Einen alten Hengst wie diesen Steel Dust gegen ein Rennpferd wie Monmouth laufen zu lassen und dazu noch über 50 Meilen hierher pilgern zu müssen! Großzügig von Harrison, muß ich sagen, Steel Dust in seinem Stall unterzubringen. Natürlich wurden beide Pferde Tag und Nacht bewacht…

Jetzt hat Jim den Hut geschwenkt! Sie sind gestartet! Die beiden Reiter galoppieren den ersten Hang hinunter. Gosh, macht der Monmouth Riesensätze! Aber der kleine Hengst ist noch gleichauf. Das Gejohle und die Anfeuerungsrufe übertönen das Getrommel der Hufe. Nun sind sie in William's Draw, aber gleich werden sie wieder auftauchen. Da kommen sie über den Hügel. Bon gibt Monmouth die Gerte. Der kleine Neger-Jockey liegt flach auf Steel Dusts Rücken und macht gar nichts.

Damned, das gibt's doch nicht – Steel Dust schlägt Monmouth glatt um drei Längen! Der kleine Negerjunge lenkt den Hengst in einer scharfen Kurve vom Track weg und setzt ihn mit hartem Stop in den Dreck. Monmouth läuft weiter, auf das Dickicht zu, ist kaum zu halten. Jetzt streift er Bob auch noch an den Ästen ab… stürmt weiter durch die Bäume…

Evening Snow, ein Sohn von Chicks Beduino, der in Phoenix/Arizona 1996 über die klassische Distanz der Quarter Mile Weltrekord lief: 20,94 Sekunden!
Photo Courtesy American Quarter Horse Association

Am 6. September 1856 schlug Steel Dust, ein Quarter Horse-Hengst im Besitz von Middleton Perry und Jones Greene aus Lancaster, Texas, den Renn-Hengst Monmouth von Harrison Stiff, McKinney, Texas, mit 3 Längen. Die Distanz betrug eine halbe Meile, obwohl Steel Dusts beste Distanz eine Viertelmeile war; Monmouth beste Distanz dagegen war eine volle Meile.

Steel Dust war etwa 1,50 m groß, Monmouth über 1,60 m.

Die Stadt McKinney ging dadurch fast bankrott, da beinahe alle Einwohner nahezu ihren ganzen Besitz auf den Lokalfavoriten Monmouth gesetzt hatten. Es war das bis dahin größte Rennereignis im Texas Frontier. Steel Dust, der zuvor schon bei Insidern als unschlagbar galt, wurde danach zur Legende. Er setzte eine neue Richtung in der Pferdezucht des Südwestens und Westens in Gang, deren Produkte für Generationen nach ihm „Steel Dusts" genannt wurden, oder man bezeichnete ein solches Pferd einfach als „Steely" oder „Duster". Später erhielten diese Pferde die Rassebezeichnung „Quarter Horse".

Das Quarter Horse als Rennpferd

Es waren die Kurzstreckenrennen mit der Viertelmeile als „klassischer" Distanz, die dem Quarter Horse seinen Namen gaben. Obwohl diese Rennen in Deutschland und Europa bislang keine Bedeutung erlangt haben und kaum stattfanden, soll doch auch auf diese typische Eignung noch kurz eingegangen werden.

Die Viertelmeile gab dem Quarter Horse seinen Namen, und über diese Distanz gilt es als das schnellste Pferd der Welt. Das bedeutet natürlich nicht, daß jedes Quarter Horse über die Viertelmeile schnell oder gar unschlagbar ist. Wie bereits ausgeführt, werden Quarter Horses heute in vielen unterschiedlichen Spezialzuchtrichtungen gezüchtet, und nur die Rennlinien werden heute dem Ruf der Rasse als Sprint-Renner gerecht. Das schnellste Pferd der Welt über die Viertelmeile bedeutet, daß der Weltrekord über diese Distanz von einem Quarter Horse gehalten wird und auch in der Vergangenheit von Quarter Horses gehalten wurde.

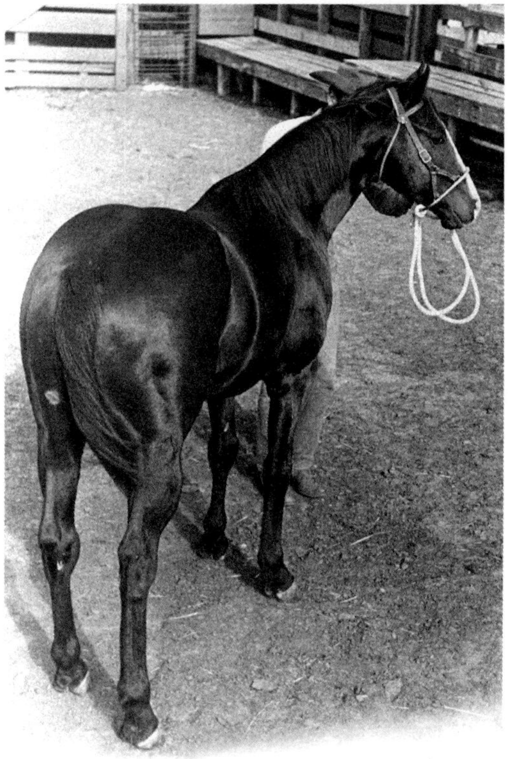

Oben: Top Deck war ein Vollblüter, der enormen Einfluß auf die Zucht von Renn-Quarter Horses hatte
Photo Courtesy American Quarter Horse Association

Links:
Der unvergleichliche Zantanon, der auch als der „Mexican Man O'War bezeichnet wurde. Seine Leistungen als Match Racer waren schier unglaublich

Quarter Horse-Rennen werden schon seit langem mit Start aus der Startbox durchgeführt, die Pferde müssen also aus dem Stand beschleunigen. Top Quarter Horses erreichen mit zwei oder drei Galoppsprüngen bereits ihr Renntempo.

Truckle Feature hielt den Weltrekord über die Quarter Mile über einen Zeitraum von 23 Jahren! Er lief die Strecke in 21,02 Sekunden.

Dieser Weltrekord wurde 1996 gebrochen von Evening Snow, einem Wallach von Chicks Beduino. In Phoenix/Arizona lief dieser die Distanz in 20,94 Sekunden, was bedeutet, daß er mit etwa einer halben Länge vor Truckle Feature gelegen hätte.

403

Augusta, Georgia – zum Auftakt der dortigen traditionellen Cutting Futurity wird eine Herde Longhorns durch die Stadt getrieben
Foto Courtesy American Quarter Horse Association

DIE WICHTIGSTEN QUARTER HORSE-VERERBER DES 19. JAHRHUNDERTS

War der aus England importierte Janus von größter Bedeutung, als die Quarter Horse-Zucht noch in den Anfängen steckte (er war übrigens ein Großsohn des Godolphin Barb), so hat es auch im 19. Jahrhundert einige wichtige Linienbegründer gegeben. Dazu gehören u. a. Alsup's Rondo, Barney Owens, Bonny Scotland, Cold Deck, Copperbottom, Fleming's Rondo, Missouri Mike, Oregon Charlie, Pony Pete, Printer Tom und Roan Dick.

Einflußreiche Vererber um die Jahrhundertwende und in den ersten Jahrzehnten des 20. Jahrhunderts waren A. D. Reed, Dan Tucker, Flying Bob, Harmon Baker, Joe Bailey of Weatherford, Joe Reed, Pid Hart, Little Joe, Old Fred, Possum, Rocky Mountain Tom, Uncle Jimmy Grey und Zantanon.

Drei Hengste des vorigen Jahrhunderts müssen aber besonders erwähnt werden: Steeldust, Shiloh und (Old) Billy. Steeldust und Billy wurden so berühmt, daß man in manchen Gegenden nicht von Quarter Horses bzw. Quarter Mile Horses sprach, sondern von Steeldusts oder Billy Horses. Von denen, die anfangs des 20. Jahrhunderts lebten, müssen Peter McCue und Traveler besonders herausgehoben werden.

STEELDUST

war 1843 in Kentucky geboren worden und war von Harry Bluff, von Short Whip, von Kentucky Whip. Seine Mutter Big Nance war eine Großtochter von Timoleon, von Sir Archy. Steeldust war das Resultat einer Kreuzung der Linien von Sir Archy und Kentucky Whip, die von vielen Texas-Züchtern bevorzugt wurde.

Steel Dust hatte als Linienbegründer größten Einfluß, vor allem in Texas, und sein Name wurde zum Synonym für Quarter Running Horses. Seine Conformation wurde zum Leitbild der Zucht. Auffälligstes Merkmal war seine enorme Bemuskelung, die sich auch in seinen extrem dicken Ganaschen manifestierte.

Steel Dust war wohl ein Brauner und war den Beschreibungen nach ein ähnliches Phänomen wie Janus, gebäudemäßig und in der Art, wie er sich vererbt hat. Die Vermutung, daß es sich um eine Mutation gehandelt hat, liegt bei Steel Dust vielleicht noch näher als bei Janus, so anders war er in seiner Conformation und so konsequent hat er sich vererbt.

Einige der bekanntesten Nachkommen von Steel Dust waren Bill Fleming, Gray Alice, Ram Cat (Mutter von Old Billy), Rebel, Tom Driver und 80 Gray. Auf ihn gehen Barney Owens und Joe Bailey of Weatherford zurück, und Steel Dust-Blut finden wir in den Billy-, Cold Deck-, Rondo- und Peter McCue-Familien.

SHILOH

wurde ein Jahr nach Steel Dust in Tennessee geboren. 1849 brachte Jack Batchler ihn nach Texas. Er war von Van Tromps, von Thomas' Big Solomon, von Sir Solomon, von Sir Archy. Shilohs Mutter soll eine Tochter von Union gewesen sein, die ebenfalls von Van Tromp war.

Shiloh war neben Steel Dust wohl der größte Foundation Sire im Texas jener Tage.

BILLY

war vermutlich Shilohs berühmtester Sohn. Seine Mutter war die Steel Dust-Tochter Ram Cat. Old Billy, wie er zum Unterschied zu den vielen anderen Pferden selben Namens genannt wurde, die es in der Quarter Horse-Geschichte gab, war einer der populärsten Stammhengste besonders in Südtexas. Dort war „Billy Horses" gleichbedeutend mit „Quarter Horses". Zu Old Billys Nachzucht gehörten Antho-ny, Brown Billy, Dora, Jenny Oliver, Joe Collins, Little Brown Dick, McCoy Billy, Pancho, Rover und Sweet Lip.

PETER MCCUE

erblickte 1895 das Licht der Welt. Er war von Sam Watkins in Petersburg in Illinois gezogen worden und ein großer Hengst von über 1,60 m und 13 Zentnern. Trotzdem war er eins der schnellsten Quarter Mile-Rennpferde, die es je gegeben hat, und er vererbte gute Quarter Horse Conformation.

Peter McCue war von Dan Tucker, von Barney Owens, von Cold Deck, von Billy, von Shiloh. Seine Mutter war Nora M, eine Vollblutstute von Voltigeur und aus der Kitty Clyde, von Star Davis.

Die Großmutter väterlicherseits von Peter McCue, Lady Bug oder Butt Cut, ging über Jack Traveler auf Steel Dust und ebenfalls über ihre Mutter June Bug.

Peter McCue war also das Produkt einer Verquickung von Steel Dust- und Shiloh-Blut – eine ebenso beliebte wie erfolgreiche Kombination, die in hohem Maße das Quarter Horse mitgeformt hat.

Von Illinois ging Peter McCue mit John Wilkens nach Texas, und die letzten Besitzer waren Si Dawson und Coke Roberds in Colorado. Peter McCue wurde 28 Jahre alt und hinterließ eine Dynastie von hervorragenden Quarter Horses. Auf Peter McCue gehen mehr als die Hälfte der Quarter Horses zurück, und zehn von den neunzehn als offizielle AQHA Foundation Sires eingetragenen Hengste stammen von ihm ab.

Peter McCue

Einige von Peter McCues bekanntesten Nachkommen waren A. D. Reed, Badger, Buck Thomas, Carrie Nation, Chief, Harmon Baker, Hickory Bill, Jack McCue, Jazz, John Wilkins, Juanita Armstrong, Mary McCue und Squaw.

Hickory Bill z. B. war der Vater von Old Sorrel, auf dem die King Ranch ihre berühmte Zucht aufgebaut hat, die für Pferde wie Peppy, Hired Hand, Macanudo oder Wimpy verantwortlich zeichnet. John Wilkens' Sohn Joe Hancock gründete seinerseits wieder eine berühmte Linie von Gebrauchspferden. Badger war für Pferde wie Midnight, Grey Badger II, Waggoner und Chubby verantwortlich.

Peter McCue war zweifelsohne einer der wichtigsten Vererber in der langen Geschichte der Quarter Horses. Der große Quarter Horse-Experte Robert M. Denhardt bezeichnete ihn als den wichtigsten Vererber nach Steel Dust.

TRAVELER

Travelers Abstammung war unbekannt. Er war gegen Ende des 19. Jahrhunderts mit einem Transport Arbeitspferde nach Texas gekommen, die einen sagen aus Kentucky, die anderen, aus New York. Nur per Zufall konnte er sich als ein so phantastisches Kurzstreckenrennpferd erweisen, daß er zu einem der bedeutendsten Vererber der Quarter Horse-Zucht wurde.

Er war ein Fuchs von etwa 1,50 m mit Stichelhaaren und dem einen oder anderen unregelmäßigen weißen Abzeichen. Traveler nahm Einfluß über seine Söhne Joe Moore und Little Joe. Letzterer zeugte Zantanon, dessen Sohn King im 20. Jahrhundert einer der drei bedeutendsten Foundation Sires werden sollte.

Andere Nachkommen von ihm waren Possum, Texas Chief, Guinea Pig und Red Cloud.

DIE ERFOLGREICHSTEN QUARTER HORSE-VERERBER DES 20. JAHRHUNDERTS

KING P-234

Laredo – Border Town an der amerikanisch-mexikanischen Grenze. Ein Name, den sich jeder Western Fan auf der Zunge zergehen läßt. Früher ein Tummelplatz für Cowboys und Rinder- bzw. Pferdediebe, heute vor allem Touristenfalle und Schauplatz mexikanischen Elends. Hier beginnt die Story von King. Hier wurde er am 25. Juni 1932 geboren, auf der Ranch von Manuel Benavides Volpe, wo auch Zantanon, der „Mexikanische Man-O-War", zu Hause war. Kings Registrationsnummer P-234 ist jedem Quarter Horse-Kenner geläufig. Weil es zu Kings Zeiten eine Anzahl von nicht eingetragenen Hengsten gab, die auch King genannt wurden, bürgerte es sich ein, mit seinem Namen auch seine Registrationsnummer zu nennen, damit klar war, daß man *den* King meinte.

Zantanon, der Vater von King, war von Little Joe und sah nicht nach viel aus, war aber ein ganz außergewöhnliches Pferd! Halb verhungert und trotz widrigster Haltungsbedingungen hatte er Leistungen gebracht, die ihn zu einem der erfolgreichsten Quarter Racing

King mit seinem Besitzer, Jess Hankins

Horses seiner Zeit machten. Seine Mutter war Jeanette, von Old Billy.

King, dessen Mutter Jabalina von Volpe als „schweinerückig" und „böse" bezeichnet worden war, wechselte in den ersten Lebensjahren mehrmals den Besitzer – Charlie Alexander, Byrne James, DuBoise hießen die ersten Eigentümer. Niemand hatte damals eine Ahnung, daß dieser Hengst einmal ein führender Vererber von Quarter Horses werden würde – damals gab es noch nicht einmal die AQHA.

Unter DuBoise wurde der knapp 1,50 m große und etwa 10 Zentner schwere King ein Top Roping Horse. DuBoise setzte King auch zum Decken ein, und die Decktaxe betrug ganze 10 Dollar. Als DuBoise King 1937 an Jess Hankins aus Rocksprings, Texas, verkaufte, war noch immer nicht abzusehen, daß es einmal einen Markt für Quarter Horses geben, schon gar nicht, daß dieser zwei Jahrzehnte später einen wahren Boom erleben würde.

Hankins hatte schon länger auf den braunen Hengst spekuliert, aber als DuBois endlich zusagte, den Hengst zu verkaufen, kam das zu einem denkbar schlechten Zeitpunkt.

„Ich hatte genau an dem Tag mein letztes Geld für eine Gruppe Kälber ausgegeben", erzählte er später. „Ich lieh mir darum das Geld (es ging um 800 $) von meinem Bruder Lowell. Die Leute hielten mich damals für verrückt und sagten, ich würde bankrott gehen."

(Zu der Zeit konnte man für weniger als 800 $ ein neues Auto inkl. Radio und Ersatzrad kaufen.)

Für Hankins gab es aber keinen Zweifel, daß er diesen Hengst haben wollte, ja, haben mußte.

Hankins setzte Kings Decktaxe auf 15 $, in den folgenden drei Jahren erhöhte er sie auf 20 $, 50 $, 100 $ – jedesmal prophezeite man ihm, er würde alle Kunden abschrecken. Doch das Gegenteil traf ein. Schließlich verlangte er 500 $ Decktaxe, und obwohl er jedes Jahr etwa 50 Stuten künstlich besamen ließ, konnte er nicht alle auswärtigen Stuten annehmen, die von King gedeckt werden sollten!

King zeugte Fohlen, die bei der neugegründeten AQHA eingetragen wurden und ihn bald zu einem der prominentesten Vererber machten. Aber auch er selbst wurde geshowt, und obwohl er 10jährig gegen viel jüngere Pferde antreten mußte, wurde er u. a. Grand Champion in Abilene und San Angelo und außerdem Champion Stock Horse aufgrund seiner Cutting-Leistungen. Auf der Fort Worth Stock Show gewann er einen Go-round in Reining und wurde im Finale zweiter, dasselbe im Cutting. Danach (1942) entschied Hankins, daß er nicht mehr vorgestellt werden, sondern seine Nachzucht für ihn werben sollte.

Kings erstes Fohlen war Duchess H, die ein erfolgreiches Halter-Pferd wurde. Squaw H sah ebenfalls gut aus und wurde vor allem ein erfolgreiches Quarter-Rennpferd. Sie hat Pferde wie Shue Fly, Queeny und Piggin String besiegen können und wurde schließlich auch eine wertvolle Zuchtstute.

King zeugte 648 eingetragene Quarter Horses, von denen 217 in AQHA Performance-Klassen und Races gestartet wurden. 20 seiner Söhne und Töchter wurden AQHA Champions. Sein Ruhm gründete sich in erster Linie auf seine Fähigkeit, Pferde zu zeugen, die in allen Performance-Kategorien brillieren konnten, vom Roping bis zum Cutting, vom Reining bis zum Rennen. Er zeugte Pferde, die so vielseitig waren, wie es dem Anspruch der Rasse entsprach.

Kings war ein Vater von Vererbern. Er hatte mehr bedeutende Söhne als z. B. Leo, der sich in erster Linie als Vater und Großvater von Zuchtstuten ausgezeichnet hat.

Kings herausragender Sohn war sicher Poco Bueno, der neue Maßstäbe setzte, einmal was die Preise betraf, die für Quarter Horses bezahlt wurden, aber auch bezüglich der Halter-Pferde. Vor allem beeinflußte er das Cutting enorm, durch seinen Arbeitsstil und als Vererber von Cutting-Pferden. Es waren vor allem Töchter von Poco Bueno und dessen Sohn Poco Tivio, die mit Doc Bar die großartigen Cutting-Pferde brachten, die letzteren berühmt gemacht haben.

Cactus King, Clovis King, Continental King, D-Day, Jess Hankins, Jimmy, King April, King Banner, Kings Joe Boy, King's Pistol, Little Tom B, Old Taylor, Power Command, Royal King und Zantanon H waren weitere Söhne des großen Vererbers.

King war ein gutmütiger und williger Hengst. „Er machte nie irgendwelche Probleme", sagte Jess Hankins. „Jedes Kind, das mit Pferden umzugehen wußte, konnte ihn reiten."

Dieses gute Wesen und seine Intelligenz waren es vor allem, die Kings Nachzucht so begehrt machten. Er vererbte sich, wie man dies von einem guten Quarter Horse erwartet: Er zeugte Pferde, die genau so vielseitig waren, wie er selbst, die stark waren, wendig, Speed und Cow Sense hatten und die eine Disposition aufwiesen, wie sie besonders auch im Reining gebraucht wird.

King starb am 24. März 1958 im Alter von 26 Jahren an einer Herzattacke. Seine Decktaxe betrug zum Schluß 2.500 $.

THREE BARS

Der Vollblüter Three Bars wurde 1940 geboren, im Gründungsjahr der AQHA. Er war aufgrund seiner Abstammung prädestiniert, Vollblutrennen zu laufen und zu gewinnen – er war von dem Stakes

Winner Percentage und aus der Myrtle Dee –, aber es kam ganz anders.

Als Zweijähriger zeigte Three Bars enormen Speed, kam aber eines Morgens vom Training und hatte in einem Hinterbein fast keine Durchblutung mehr. Das Problem zeigte sich immer wieder, sobald er sich anstrengte und obwohl er von einigen der besten Tierärzte behandelt wurde. Die Besitzer, Jack Goode, Ned Brent und Bill Talbot, gaben ihn ab – der neue Besitzer würde ihnen 300 $ geben müssen, falls Three Bars je ein Rennen laufen und Preisgeld gewinnen können würde. Sie bekamen nie einen Cent, und Three Bars wurde irgendwann erneut verkauft.

Später konnte das gesundheitliche Problem kuriert werden, und Three Bars lief ein paar Rennen. Dann wurde er nach Arizona verfrachtet, wo er Quarter Racing-Stuten decken sollte. Damals war Südarizona eine Hochburg für Kurzstreckenrennen.

Der Cowboy Sid Vail züchtete auf seiner kleinen Ranch bei Douglas in Arizona Quarter-Rennpferde. Er hörte bald von Three Bars und ging nach Phoenix, um ihn sich anzusehen. Er sagte später:

„Ich hatte mir nie ein so gutaussehendes Pferd vorstellen können. Wenn es je ein perfektes Pferd gegeben hat, dann war er es. Ich konnte keinen Fehler an ihm finden."

Three Bars (TB)

Sid Vail bot zuerst 5.000 $ für den Vollbluthengst, mußte aber schließlich das Doppelte zusammenkratzen, um ihn kaufen zu können.

1945 stand Three Bars auf der Ranch von Melville Haskell für 100 Dollar Decktaxe zum Decken. Anfang 1946 war der Hengst völlig genesen und Vail ließ ihn auch Rennen laufen, damit er sich einen Namen machen konnte. In Phoenix lief er Bahnrekord über 5 Furlongs (1 Furlong ist eine Achtelmeile). In Agua Caliente wurde er nach den ersten 5 Furlongs eines 6-Furlongs-Rennens in noch besserer Zeit gestoppt (56,4 Sek.). Weil er schon zu Beginn eines Rennens so enorn schnell ging, konnte er die typischen Vollblutdistanzen nicht durchhalten. Er war ein Vollblüter, aber er war ein echter Sprinter.

Three Bars' Durchbruch als Deckhengst begann, als es Walter Merrick 1952 nach jahrelangen Bemühungen gelang, ihn zu pachten und nach Sayre in Oklahoma zu holen. Merrick war einer der größten Züchter von Quarter-Rennpferden und hatte den Blick für die Zukunft.

Damals waren die Quarter Horse-Leute in zwei Lager gespalten: auf der einen Seite diejenigen, die nur die alten Linien gelten ließen und Vollblüter von der Zucht fernhalten wollten, auf der anderen Seite Leute wie Merrick, die an den gezielten Einsatz geeigneter Vollblüter glaubten. 1952 hatte die Mehrzahl der AQHA-Mitglieder beschlossen, Vollblüter nicht zuzulassen. Merrick ließ sich davon nicht beirren.

1953, '54 und '55 holte Vail den Hengst nach Arizona bzw. Kalifornien, und die Decktaxe stieg bis auf 10.000 $. Merrick brachte seine Stuten bis an die Westküste. Erst 1967, als Three Bars 27jährig war, konnte Merrick ihn wieder nach Oklahoma holen und auch dort behalten. Three Bars war noch immer fruchtbar, aber leider erlag er im Jahr darauf einer Herzattacke, nachdem er noch ein paar Stuten tragend bekommen hatte.

Three Bars hat 29 AQHA Champions gezeugt, 558 eingetragene Quarter Horse-Fohlen, 90 Halter Points-Gewinner, 53 Performance Points-Gewinner, 37 Arena ROM-Pferde, 317 Race ROM-Gewinner, und 435 seiner Söhne und Töchter starteten in Rennen, wovon 38 Superior Race Horses wurden. Er hat 14 World Champions in Racing gezeugt, und seine Nachzucht gewann zusammen 3.277.089 Dollar. 4 von Three Bars Fohlen wurden AQHA Supreme Champions.

Three Bars wird von den meisten für den einflußreichsten Vererber der Quarter Horse-Zucht dieses Jahrhunderts gehalten. Er war für das Quarter Racing ebenso wichtig wie für die Zucht von Arena Performance-Pferden, und ohne ihn hätte es auch bedeutende Halter-Vererber nicht gegeben, allen voran Impressive. Der Three Bars-Sohn Lightning Bar, selbst ein AAA-Pferd, AQHA Champion, Leading Sire und Leading Maternal Grandsire von Race ROM-Pferden, zeugte das Phänomen Doc Bar.

Barred, Bob's Folly, Breeze Bar, Galobar, Goldseeker Bars, Josie's Bar, Kid Meyers, Little Lena Bar, Mr. Bar None, Mr. Bruce, Pokey Bar, Rocket Bar, St. Bar, Sugar Bars, The Ole Man und Three Chicks stellen nur eine kleine Auswahl seiner vielen hervorragenden Söhne und Töchter dar. Three Bars' Tochter Lena's Bar brachte von Jet Deck den großartigen Easy Jet. Lucky Bar, von Three Bars, zeugte Impressive. Parr Three, auch von Three Bars, zeugte Zan Parr Bar.

Three Bars war ein Vollblüter, der im Grunde ein Quarter Horse-Gebäude hatte – nur feiner, eleganter, ja, besser als die Quarter Horses jener Zeit. Er vererbte darüberhinaus Quarter Horse-typische Eigenschaften wie Speed und vernünftiges Wesen. Er war ein Vollblüter, aber er war dennoch einer der wertvollsten Vererber der Quarter Horse-Geschichte!

LEO

Leos Lebenslauf verlief ähnlich dem seines Großvaters, Joe Reed, und dem seines Vaters, Joe Reed II, insofern als daß er erst gegen Ende seines Lebens Anerkennung fand und gute Stuten zugeführt bekam. Er hat sich seinen Namen trotz aller widrigen Umstände gemacht.

Joe Reed P-3 war ein ungewolltes Fohlen, verhungerte fast in den ersten Lebensjahren und hatte doch noch eine erstaunliche Karriere als Rennpferd und Vererber geschafft. Erst nach seinem Tode wurde klar, welches Potential er hatte. Ganz ähnlich erging es seinem Sohn Joe Reed II, der trotz übler Hufverletzung World Champion Quarter Running Horse wurde. Und auch Leos Wert als Vererber wurde erst spät, in den letzten Jahren, in denen er zum Decken stand, erkannt und gewürdigt. Leo hat wohl in seinem ganzen Leben nicht so viele gute Quarter-Rennstuten gedeckt wie Three Bars in einer einzigen Saison – Three Bars war als Vollblüter attraktiv für Züchter von Quarter Racing Horses, Leo mußte seine Qualitäten als Speed-Vererber erst durch Rennleistungen seiner Nachkommen unter Beweis stellen. Und das schaffte er mit ganz gewöhnlichen Stuten!

Leo war doppelt Joe Reed-gezogen. Sein Vater Joe Reed II war ebenso von Joe Reed P-3 wie seine Mutter Little Fanny. Obwohl viele

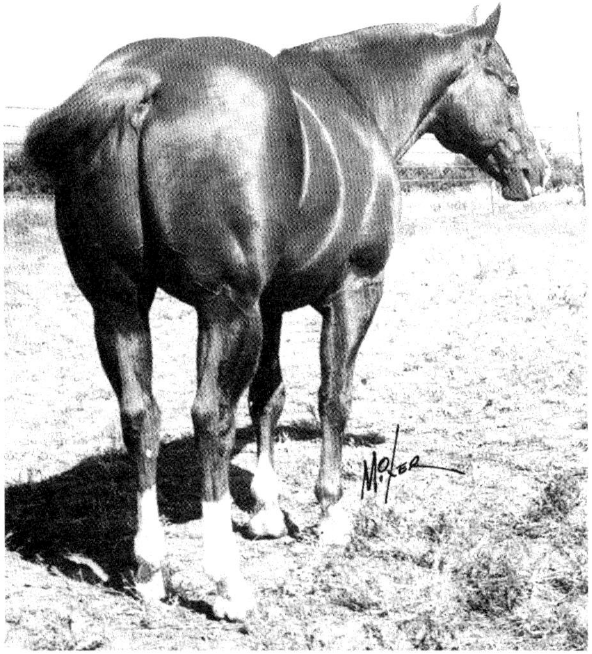

Leo war viel kompakter und muskulöser gebaut als sein Vater Joe Reed and seine Mutter Little Fanny
Foto Mixer

Vollblüter unter Leos Vorfahren waren, stand er doch eindeutig im Stock Type oder Quarter Type. Er war ein stark bemuskelter Fuchshengst von 1,47 m oder 1,48 m und rund 10 Zentnern. Hier muß auch berücksichtigt werden, daß einige amerikanische Vollblutlinien auf Quarter Horses zurückgehen.

Leo wurde 1940 in Cameron, Texas, geboren. Sein Züchter, J. W. House, verkaufte ihn schon früh. Im Besitz von John Tillmann machte er wenig später auf dem Pawhuska Fairgrounds Race Track in Oklahoma auf sich aufmerksam, wo er einen Bahnrekord über 300 Yards lief (16 Sekunden), der jahrelang bestand. Als Dreijähriger lief er die 220 Yards in glatten 12 Sekunden. Der offizielle Rekord über diese Distanz stand damals bei 13 Sekunden und war 1937 von Clabber gelaufen worden! Erst 1947 lief Tonta Gal neuen offiziellen Rekord (12,1 Sekunden), 1947 wurde er von My Texas Dandy und 1950 von Maddon's Bright Eyes eingestellt.

Leo soll 20 von den 22 Rennen, die er lief, gewonnen haben. John Tillmann, der bald keine Herausforderer mehr für Leo finden konnte, verkaufte ihn nach Eagle Pass. Von dort ging er zurück nach Pawhuska, wo Bill Row ihn mit Ranchstuten laufen ließ, um die Qualität der Nachzucht zu verbessern. Als Bill Row auch Ländereien in New Mexico hatte, verschlug es Leo weiter nach Westen. Gene Moore war es, der ihn wieder nach Oklahoma holte. Leo, der irgendwann eine Verletzung an einem Karpalgelenk erlitten hatte und keine Rennen mehr laufen konnte, mußte sich jetzt entweder als Vererber beweisen, oder er war wertlos.

Mittlerweile sprachen aber Leos Nachkommen auf den Rennbahnen schon eine eindeutige Sprache. Und Leo-Töchter brachten Pferde, die in allen Bereichen der Quarter Horse-Welt zu siegen wußten. Das alles, obwohl er keine ausgesuchten Stuten zum Decken bekommen hatte. Bud Warren, der Leo schließlich von Moore kaufte, sagte 1962:

„Bis vor vier oder fünf Jahren hat Leo unseres Wissens nicht eine Stute gedeckt, die je eine Rennbahn gesehen hat. Zu dem Zeitpunkt führte er die Liste der Register of Merit Sires mit etwa hundert ROM-Pferden an!"

Als er seine besten Jahre schon längst hinter sich hatte, wurden Leo dann doch noch einige Top-Stuten zugeführt. Mit ihnen hatte er Spitzennachzuchten in Halter, Performance und Racing.

Die King-Tochter 89er hatte sieben ihrer elf ROM Racing-Nachkommen von Leo, und ein weiterer war von Leo Tag, einem Leo-Sohn. Drei der ROM-Pferde aus Sorrel Sue waren von Leo und die beiden anderen von Leo Tag. Yeager's Lady hatte 3 ihrer 5 AAA-Fohlen von Leo. Swamp Angel brachte 4 ROM-Pferde von Leo. Q-Quinn's Angel hatte von Leo zwei AAA-Töchter, eine davon, Leo's Midget, brachte wiederum Miss Bar Leo, die in Denver Weltrekord lief.

King's Pistol, World Champion Cutting Stallion, war aus der Leo-Tochter Flit.

Die Leo-Tochter Miss Meyers wurde World Champion Quarter Running Mare, Palleo Pete von Leo wurde World Champion Quarter Running Stallion. Eine weitere Leo-Tochter produzierte drei World Champions: Vanetta Dee, Vanna Bar und Vandy's Flash. Vanetta Dee errang drei Racing World Championships.

Von 1949 bis 1966 war Leo der Leading Maternal Grandsire von Race ROM-Pferden. Außerdem war er der zweiterfolgreichste Zeuger von Race ROM-Pferden.

Nur Three Bars und Top Deck, beide Vollblüter, die natürlich mehr gute Rennstuten anzogen, zeugten mehr AAA-Pferde als Leo.

Leo war außerdem ein führender Vererber von AQHA Champions und Arena ROM-Pferden.

1967 mußte Bud Warren den großartigen alten Hengst aufgrund seines Alters und seiner Beschwerden töten lassen.

Außer den drei hier herausgestellten Hengsten hat es natürlich noch viele weitere gegeben, die zu den besten Vererbern ihrer Zeit gehörten. Eine Sonderstellung muß z. B. dem Old Sorrel zukommen, auf den alle Quarter Horses der King Ranch zurückgehen. Und in der Zucht des „Altmeisters" Hank Wiescamp hatte sich Skipper W ebenfalls eine Sonderstellung verdient.

DIE WICHTIGSTEN MODERNEN LINIENBEGRÜNDER

Bei einer zahlenmäßig so großen Zucht ist es schwierig, selbst für die letzten hundert Jahre eine Auswahl der herausragendsten Vererber zu treffen. So sind hier von den eigentlichen Foundation Sires, den Linienbegründern, nur die wichtigsten erwähnt. Stattdessen seien diejenigen näher vorgestellt, die durch ihre Nachzucht in den letzten Jahrzehnten das Turniergeschehen dominiert haben.

Die bedeutendsten Linienbegründer in der ersten Hälfte unseres Jahrhunderts waren zweifellos Three Bars (ein Vollblüter), King und Leo. Sie zeichneten sich alle drei dadurch aus, daß sie Pferde zeugten, die in allen Sparten der Quarter Horse-Szene zum Besten ihrer Zeit gehörten und in allen Sparten ihrerseits wieder züchterisch von höchster Bedeutung waren, einschließlich des Rennsports. Ohne Three Bars hätte es keinen Doc Bar gegeben, und ohne Doc Bar wäre das Quarter Horse heute nicht das, was es ist. Aber Three Bars ist noch für eine lange Riege weiterer für die Zucht wichtiger Pferde verantwortlich, zu der unter anderem auch Impressive gehört. King wurde vor allem durch Poco Bueno und dessen Sohn Poco Tivio unersetzlich, zeugte aber ebenfalls eine Fülle weiterer wichtiger Linienbegründer. Leo hatte ebenfalls bedeutende Söhne, war aber der wohl wichtigste Zuchtstutenzeuger der Rasse, nahm durch Großsöhne starken Einfluß und lebt noch heute in den aktuellsten Vererbern weiter.

Um für dieses Buch eine Handvoll von Vererbern herauszugreifen, die in der Zucht von heute die größte Rolle spielen, kommen wir an den folgenden Pferden nicht vorbei: Doc O'Lena, Peppy San Badger, Freckles Playboy, Hollywood Jac 86, Zippo Pine Bars, Impressive und, bei den Rennpferden, Dash For Cash. Diese Auswahl würde vielleicht ein wenig differieren, je nach dem, wer sie vornehmen würde, könnte aber nicht wesentlich anders ausfallen. Die Schwierigkeit bei einer solchen Auswahl ist, zehnmal so viele Pferde weglassen zu müssen, die es eigentlich auch verdient hätten, erwähnt zu werden.

DOC BAR

Doc Bars Lebenslauf war kurios. Seiner Abstammung nach hätte er ein Rennpferd sein müssen, aber weil er auf dem Track nichts zuwege brachte, hatte sein Züchter Tom Finley keine Verwendung für ihn.

Stattdessen lieh Charley Araujo ihn aus. Araujo war einer der bekanntesten und geschätztesten Horsemen und Richter an der Westküste und hatte zuvor bereits anderen Quarter Horse-Hengsten einen Namen gemacht, wie Catechu, Jimmy Reed und Poco Tivio. Er machte Doc Bar zum Halter Star and der Westküste und zum Vater von Halter-Pferden. Und obwohl Doc Bar selbst nie unterm Sattel geshowt wurde und schon gar nicht im Cutting, war es ihm dennoch bestimmt, zum durchschlagendsten und einflußreichsten Vererber von Performance-Pferden, insbesondere von Cutting-Pferden, des 20. Jahrhunderts zu werden!

Als ein Dr. Jensen und seine Frau den Hengst 1962 durch Araujos Vermittlung kaufte, begann bald Doc Bars Karriere als Cutting-Vererber. Sie hatten Poco Tivio-, Puro Tivio-, King- und Hollywood Gold-Stuten, und die Kombination von Doc Bars Intelligenz, Leichtfüßigkeit, Reaktionsschnelligkeit und Athletik mit dem Cow Sense dieser Stuten ergab Leistungspferde, wie sie die Cutting-Szene bis dahin noch nie gekannt hatte!

In der 1969er Futurity der National Cutting Horse Association gewann Shorty Freeman auf Doc's Kitty den 2. Platz, Buster Welch plazierte sich auf dem dritten mit Doc Luck Bar und Carol Rose mit Doc's Leo Lad auf dem vierten.

Doc Bar im hohen Alter von über 30 Jahren

1963 kauften die Jensens das „größte Cutting Horse aller Zeiten", Poco Lena, die zu dem Zeitpunkt schon in schlechter gesundheitlicher Verfassung war. Mit ihr hatte Doc Bar zwei Nachkommen, beides Hengste, nämlich Doc O'Lena (1967) und Dry Doc (1968). Diese beiden waren die ersten Doc Bar-Fohlen, welche die NCHA Futurity gewannen.

Söhne und Töchter Doc Bars hatten weit über $ 350.000 in NCHA Futurities gewonnen, doppelt so viel, wie die irgendeines anderen Hengstes. 1970 gewann Doc O'Lena unter Shorty Freeman die Futurity; Doc's Carolyn wurde dritte, Doc's Date Bar kam auf den vierten (Tie) und Doc's Music Man auf den siebten Platz (Tie).

Dry Doc gewann im nächsten Jahr die Futurity. Doc Bar hatte elf Söhne und Töchter in der Futurity, und sieben davon erreichten die Finals!

1972 errang Doc's Tlell unter Sam Wilson den vierten Platz in der NCHA Futurity, Doc's Lynx und Doc's Nanaimo teilten sich den fünften.

Doc's Marmoset war der Gewinner der 73er Futurity, Dee Bars Beever von Doc's Dee Bar von Doc Bar kam auf den zwölften Platz. Die 73er Non Pro Futurity wurde von Doc Quixote gewonnen, und Doc Tari kam auf den zweiten Platz. The Red Baron und Doc's Dulce Bar, beide von Doc Bar, teilten sich den achten Platz, Moon Doc kam auf den zehnten.

Doc's Yuba Lea siegte in der 74er Futurity, Leantoo von Doc O'Lena gewann die Non Pro, und Doc's Bar Gal plazierte sich auf dem dritten Rang.

Lenaette von Doc O'Lena gewann 1975 die Futurity als erster direkter Nachkomme eines Futurity-Gewinners. Doc's Willi Winki

Doc's Prescription, einer der besten Söhne von Doc Bar

von Doc Bar errang den dritten und Lenas Peppy von Doc O'Lena den 13. Platz. In der Non Pro Division teilte sich Lenas Peppy den zweiten Platz, und Rose O'Lena von Doc O'Lena sowie Teninolena von Doc O'Lena kamen auf den vierten resp. achten Platz.

1976 waren acht Söhne und Töchter von Doc Bar unter den ersten 15 in den Pro- und Non Pro-Divisionen. Söhne, Töchter und Enkel von ihm waren Doc's Becky (2.), Docs Remedy und Doc's Oak (4.), Doc Athena von Doc O'Lena (6.), Doc's Steady Date (7.), Bardoc O'Lena (8.), Montana Doc von Doc O'Lena (10.), Sittin Pretty von Doc O'Lena (12.) und Lena's Susie Jo von Doc O'Lena (14.). In der Non Pro Division gewann Doc's Socks nach einem bis dahin noch nie dagewesenen Stechen den zweiten Platz, Doc's Madrone den dritten (Tie), Dolly O'Lena von Doc O'Lena den fünften, Doc's Nola von Docsen den achten (Tie) und Wyoming Doc O'Lena den zehnten Platz.

Die 1977er NCHA Futurity sah noch mehr Doc Bar-Söhne, -Töchter und -Enkel auf vordersten Plätzen als je zuvor: Doc's Serendipity, Dry Doc's Dottie, Doc A'Lock, Doc's Little Bit, Doc's Wrangler, Dry Doc 15, Doc's Jaybird, Doc's Funny Face, Bar O'Lena, Chickasha Ann, Doc's Wimpy, Tari Mia, Joe Tari und Quixote Kitty. Nicht, daß dies alles nicht längst genug wäre, Doc Bars Herrschaft als ungekrönter König der Cutting-Industrie zu demonstrieren – aber 1978 kam es noch besser:

Lynx Melody von Doc's Lynx gewann die NCHA Futurity. Den 2. Platz errang Docs Poco von Boon Bar von Doc Bar. Docs Tin Lizzie von Doc Bar kam auf den dritten Platz. Vier Pferde teilten sich den vierten Platz, darunter Docs Star Chex und Docs Baybe Lena von Doc O'Lena. Quixote Durazno von Doc Quixote wurde neunter. Tanquery Gin von Doc O'Lena und Docs Taxi Dancer wurden zwölfte. Holey Doc Sox kam auf den vierzehnten (Tie), Docs Linda auf den

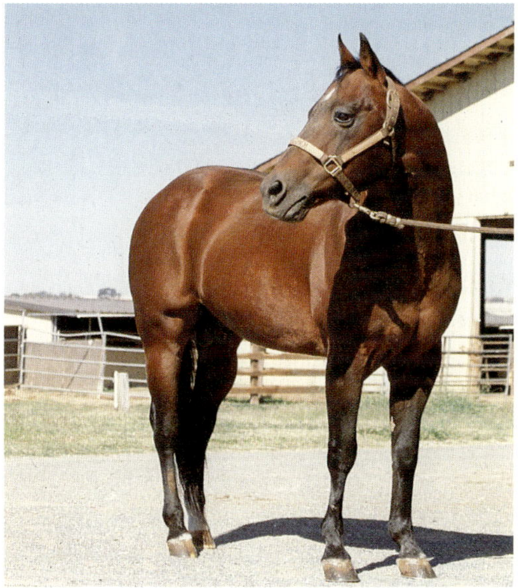

Dry Doc, Vollbruder von Doc O'Lena

sechzehnten Platz. Ähnlich sah es in der Non Pro aus. Von 122 Teilnehmern schafften es sechzehn Pferde in die Finals, von denen Miss Dry von Dry Doc siegte. Quixote Durazno war zweiter, Royal Blue Blood von Doc's Solano dritter (Tie), Tari Missi fünfte, Quixote Cupid von Doc Quixote siebter und Ima Doc's Too von Doc's Lynx achter.

Bei all dem kann leicht vergessen werden, daß Doc Bar weiterhin Einfluß auf die Halter-Zucht nahm und vor allem auf die Zucht von Working Cow Horses und Reining Horses, wo er heute ebenso stark vertreten ist wie im Cutting!

Doc Bar blieb bis ins hohe Alter von fast 33 Jahren vital, wenngleich er leider im 19. Lebensjahr durch eine Infektion seine Zeugungsfähigkeit verlor – nicht auszudenken, was er hätte erreichen können, wenn er 10 Jahre länger zeugungsfähig geblieben wäre!

DOC O'LENA

So wie wir Doc Bar dem modernen Foundation Sire Three Bars zu verdanken haben, so war Doc O' Lena der wohl bedeutendste unter den zahlreichen höchst erfolgreichen Söhnen des unvergleichlichen Doc Bar. Dieser braune Hengst, der vom Gebäude her gar nicht einmal so sehr überzeugte, führte durch seine Mutter Poco Lena, die vielleicht die überragende Cutting-Stute aller Zeiten war, das Blut von King P-234. Er hatte noch einen Vollbruder, Dry Doc, der ebenfalls ein herausragender Vererber wurde.

Doc O'Lena ist durch seine Nachzucht in den Performance-Wettbewerben allgegenwärtig. War er zuerst führend in der Zucht von Cutting Horses und Reined Cow Horses, so stellt er längst auch in der Zucht von Reining-Pferden eine Größe dar. Sein Sohn Smart Little Lena, Gewinner der „Triple Crown" im Cutting, hat in NCHA-Wettbewerben mehr Geld gewonnen als irgendein anderes Pferd in irgendeinem Reitwettbewerb (über 750.000 $) und ist längst sinerseits zum Ahnherrn einer Dynastie von Performance-Pferden geworden.

Doc O'Lena Photo McNabb

Smart Little Lena Photo Jackson

PEPPY SAN BADGER

Peppy San Badger, gewöhnlich „Little Peppy" genannt, ist ein Fuchshengst mit „Chrom" von Mr. San Peppy, dem ersten Pferd, das über 100.000 $ an Cutting-Preisgeldern gewonnen hatte. Peppy San Badger wechselte sich mit Doc O'Lena als führender Cutting-Vererber in den Charts ab und nahm auch größten Einfluß auf die Zucht von Reining-Pferden und die anderer Performance-Pferde.

Peppy San Badger ist in erster Linie eine Kombination der Linien

Peppy San Badger, 20-jährig

Freckles Playboy

Leo (über Leo San) und Sugar Bars. Er ist, im Gegensatz zu den meisten anderen Spitzen-Cutting-Pferden, ein recht großes, stattliches Pferd und hat raumgreifende Bewegungen. In der Zucht gerade der Cutting-Pferde, in der es von Doc Bar-Nachkommen nur so wimmelt und es schwer ist, ein wirklich gutes Pferd zu finden, das nicht bereits wenigstens einmal auf Doc Bar zurückgeht, war und ist er ein Segen, weil ihn ihm ein Outcross der Weltspitze ohne Doc Bar im Pedigree zur Verfügung steht.

Außerdem vermag er den Doc Bar-Pferden, die oft eher zierlich sind, mehr Substanz zu geben.

FRECKLES PLAYBOY

Freckles Playboy stellt, wie sein ebenfalls sehr einflußreicher aber bereits verstorbener Bruder Colonel Freckles und auch Peppy San Badger, eine Vereinigung von Leo-Blut und Sugar Bars-Blut dar und, weil ohne Doc Bar-Blut, eine wertvolle Alternative für die Züchter von Performance-Pferden.

Colonel Freckles und Freckles Playboy waren beide von Jewel's Leo Bars gezeugt worden (von Sugar Bars, von Three Bars) und waren beide aus Rey Jay-Stuten, Christy Jay resp. Gay Jay. Rey Jay war ein King Ranch-gezogener Hengst, der in der direkten Vaterlinie über Rey Del Rancho, Ranchero und Solis auf den Old Sorrel zurückgeht, aber natürlich auch über die Mutterlinien. Gay Jays Mutter ging außerdem noch einmal in der Vaterlinie auf Old Sorrel.

Colonel Freckles gewann 1976 die NCHA Futurity, Freckles Playboy war im selben Jahr Co-Reserve Champion.

Freckles Playboy war es beschieden, länger in der Zucht wirken zu können und ist noch immer im Deckgeschäft (1998). „Playboys" gehören bei den Züchtern von Cow Horses wie von Reining Horses zu den begehrtesten Pferden.

Richie Greenberg und Hollywood Jac 86
Foto Waltenberry

Be Aech Enterprise

Reining-Altmeister und erster Million-Dollar Reiner Bill Horn beim Training. Einer seiner Hunde war ihm auf den Schoß gesprungen – kein Problem für die 3-jährige Quarter Horse-Stute

Tim McQuay stoppt einen Hollywood Dun It-Sohn auf der NRHA Futurity. Stops wie dieser sind das Warenzeichen der „Jacs"

HOLLYWOOD JAC 86

Eine spezielle Zucht von Reining-Pferden existiert noch nicht lange, doch haben sich mittlerweile mehrere herausragende Vererber von Reining Horses etabliert. Der erste war wohl Joe Cody, der selbst auch ein Cutting Horse war, dann Great Pine, dessen Nachzucht zu den erfolgreichsten gehört, denen es aber meistens an Charisma fehlt, und Topsail Cody, von Joe Cody.

Be Aech Enterprise gehört sicher zu den erfolgreichsten Reining Horse-Zeugern, aber mehr qualitativ als quantitativ. Wie groß sein Einfluß in der Zucht insgesamt einmal sein wird, bleibt abzuwarten.

Es gibt aber einen Reining-Vererber, bei dem es auch zu diesem Zeitpunkt leicht fällt, ihm einen besonderen Status zuzuerkennen, und das ist Hollywood Jac 86.

Hollywood Jac 86 wurde vielfach als Palomino bezeichnet, war aber genetisch und vom Phänotyp her ein Red Dun *und* ein Palomino, wie auch sein Vater Hollywood Gold. Hollywood Gold gehörte zu den einflußreichsten Cow Horse-Vererbern seiner Zeit.

Es gibt keinen Vererber, der speziell in der Zucht von Reining-Pferden von so großem Einfluß war wie Hollywood Jac 86. Obwohl die „Jacs" oft etwas grob erscheinen und häufig keine schönen Beweger sind (ein Hollywood Gold-Erbe), hat ihre Trainierbarkeit und vor allem ihr enormes Stoppvermögen für größte Popularität in den einschlägigen Kreisen gesorgt.

Hollywood Jac 86 selbst hatte schon damals 50 AQHA Reining Points, zwei World Champion-Titel und 12 NRHA Bronze Trophies gewonnen. Sein Durchbruch als Reining-Vererber kam, als Tim McQuay Nachzucht von ihm höchst erfolgreich showte. Tim McQuay, der über eine Million Dollar in NRHA-Wettbewerben gewonnen hat, gewann den Löwenanteil davon auf Söhnen und Töchtern von Hollywood Jac 86.

Hollywood Jac 86, der in die NRHA Hall of Fame aufgenommen wurde, vererbte nicht nur sein gewaltiges Stoppvermögen, sondern auch einen besonderen, ihm eigenen Stil des Stoppens. Durch seine Nachkommen hat er außerdem für viele Duns, Grullos und Palominos in der Reining Horse-Zucht gesorgt.

Sein bekanntester Sohn ist Hollywood Dun It, ein Dun, der NRHA Futurity Reserve Champion und NRHA Derby Champion war und schon heute seinerseits wieder zu den erfolgreichsten Reining Horse-Vererbern gehört. Seine Nachzucht hat, wie die von Be Aech Enterprise, Topsail Cody und Smart Chic Olena, nicht nur über eine Million Dollar in NRHA-Wettbewerben gewonnen, sondern übertraf im Jahr 2000 sogar die 2-Millionen-Dollar-Marke!

Zu den erfolgreichsten Söhnen von Hollywood Jac 86 gehören – außer Hollywood Dun It – Mr Melody Jac, The Jac Be Nimble, The Hollywood Man, Boggies Flashy Jac, Jac O Rima, Hollywood 86 und Crome Plated Jac.

ZIPPO PINE BAR

Es gibt heute sicher einige herausragende Vererber von Pleasure-Pferden, wie Bar Passer, Scotch Bar Time, The Major Leaguer und andere, aber wenn man nur einen Pleasure-Vererber herausstellen soll, dann ist wohl Zippo Pine Bar derjenige, der in den letzten Jahrzehnten eine herausragende Stellung als Stammvater von Pleasure-Pferden eingenommen hat; kein anderer Hengst hat solch großen Einfluß auf die Zucht von Pleasure-Pferden genommen.

Zippo Pine Bars Wesen beeindruckte durch Gutmütigkeit und Unkompliziertheit. Er vererbte seiner Nachzucht eine gewisse körperliche Frühreife und eine Disposition, ein Interieur, wodurch sie für ein frühes Training bestens geeignet sind, dazu ein attraktives Äußeres. Vor allem aber gab er ihnen jene weichen, kurzen und balancierten Bewegungen mit, die in den Pleasure-Prüfungen hoch bewertet werden.

Zippo Pine Bar, der Pleasure-Vererber

Zippo Pine Bars verkörperte die Verbindung bewährter Linien wie die von Three Bars, King und Leo. Er zeugte 1.644 AQHA-Nachkom-

Impressive

men, darunter wurden 14 AQHA World Champions und 29 Reserve World Champions.

Zippo Pine Bar, selbst AQHA World Champion und von 1988 bis 1997 ein Leading Sire von Performance-Pferden, mußte im Januar 1988 nach einem Schlaganfall eingeschläfert werden. Er wurde in die AQHA Hall of Fame aufgenommen. Der vielleicht herausragendste Sohn von ihm ist Zips Chocolate Chip.

IMPRESSIVE

Impressive war ein ähnliches Phänomen wie Doc Bar. Wie Doc Bar die Cutting Horse-Zucht revolutioniert hatte, so hat kein anderer Hengst einen so absoluten Einfluß auf die Halter-Wettbewerbe und die Zucht von Halter-Pferden gehabt wie Impressive. Ein Einfluß, der bis zum heutigen Tage spürbar ist, und es gibt kaum ein Pferd, das in Halter zu den weltbesten gehört, das nicht ein- oder mehrmals auf Impressive zurückgeht. Impressive war ein echter Vererber, denn seine Nachzucht war gebäudemäßig weit besser als er selbst.

Leider hat Impressive auch ein negatives Erbe hinterlassen: Die Erbkrankheit „Hyperkaliämische periodische Paralyse", kurz HYPP genannt, wurde bislang nur bei Impressive-Nachkommen gefunden. Nach Ansicht nicht weniger Fachleute steht sie in direktem Zusammenhang mit der extremen Bemuskelung, die für Impressive-Nachkommen so typisch ist.

DASH FOR CASH

Es ist immer schwer, aus der großen Zahl bedeutender Vererber nur einen oder einige wenige herauszugreifen. Weil das Kurzstreckenrennen in Deutschland bislang keine Bedeutung erlangt hat und kaum existent ist, soll hier nur ein typischer Rennvererber erwähnt sein. Zwar war z. B. Easy Jet 1997 der führende Vererber von Race ROM Qualifiers, und Go Man Go war nicht nur dreimal in Folge AQHA World Champion Racing American Quarter Horse, sondern hat auch enormen Einfluß in der Zucht gehabt, aber aus mehreren Gründen wurde hier Dash For Cash ausgewählt: einmal, weil er der erfolgreichste Vererber aller Zeiten bezüglich der von der Nachzucht in Rennen gewonnenen Preisgelder war – insgesamt hat seine Nachzucht über 36 Millionen Dollar erlaufen (diese Summe würde ihn auch unter den Englisch-Vollblut-Vererbern in die Top Ten weltweit gebracht haben). Dann aber war er auch selbst ein sehr erfolgreiches Rennpferd. 1976 und 1977 gewann er das Champion of Champions Race und war das „American Quarter Horse World Champion Running Horse". In seinem Leben gewann Dash For Cash über 500.000 Dollar. Sein Bahnrekord in Los Alamitos über die Viertelmeile ist bis heute unerreicht (21,17 Sekunden) und war die fünftschnellste Zeit überhaupt über diese Distanz, egal auf welcher Rennbahn.

Schließlich aber hat Dash For Cash auch noch in anderen Bereichen der Quarter Horse-Zucht Einfluß gehabt, z. B. über Miss N Cash auf die Cutting- und Reining-Zucht.

Dash For Cash war von B. F. Phillips Jr. gezogen worden. Er war von Rocket Wrangler und aus der Vollblutstute Find A Buyer. Er gehörte einem Syndikat und wurde im Mai 1996 im Alter von 23 Jahren eingeschläfert, weil er sich eine parasitäre Nervenkrankheit zugezogen hatte.

729 der Söhne und Töchter von Dash For Cash waren Rennsieger und 129 waren Sieger in Stakes-Rennen.

Eine Bronzestatue von Dash For Cash wurde vor dem Gebäude der AQHA Headquarters in Amarillo, Texas, zu seiner Würdigung aufgestellt, unter der auch seine Asche begraben liegt.

DAS QUARTER HORSE IN DEUTSCHLAND

Die Quarter Horse-Zucht in Deutschland ist inzwischen ein Vierteljahrhundert alt, und man kann nunmehr eine Bilanz ziehen, welche Hengste in der Aufbauphase den größten Einfluß gehabt haben.

Die ersten Quarter Horses kamen wohl 1970/71 durch den Amerikaner Alan Jacob mit einem Rodeo nach Deutschland, außerdem hatte Günther Schleiermacher in Erftstadt etwa um dieselbe Zeit privat welche aus Canada importiert.

Alans Jacobs Bull's Billy Van, der auf Cotton Eyed Joe, Joe Reed und Peppy zurückging, war sein erster Deckhengst. Günther Schleiermacher hatte zunächst King Hank Jr, der sowohl über seinen Vater Hired Hank wie auch über seine Mutter von King Ranch-Pferden abstammte. Er verkaufte ihn 1975 an Horst Geier und erwarb Buckskin Dear, genannt „Joe". Dieser Dun-Hengst ließ in der noch jungen Quarter Horse-Szene Deutschlands hohe Wellen schlagen, war er doch eine absolute Augenweide und so ziemlich das Idealbild der Quarter Horse Fans. Er entstammte alten Quarter Horse-Linien, ohne weiter vorn irgendwelche populären Namen im Pedigree zu haben.

Diese drei Hengste haben in der Zucht ihren Beitrag geleistet und können als Foundation-Hengste der deutschen Quarter Horse-Zucht gelten.

Rückblickend muß man feststellen, daß es noch einen eindeutig herausragenden Foundation Sire in Deutschland gegeben hat, der seiner Dominanz wegen im Sport und in der Zucht erwähnt werden muß: Doc Chex (Doc Tom Tucker x Frandee Chex, von Bueno Chex) von der Flachsberg Ranch. Letzterer war nicht nur ohne Parallele im Sport, sondern hat sich auch durch seine Nachzucht eine Sonderstellung verdient, obwohl er – zumindest lange Jahre – als Deckhengst längst nicht so frequentiert wurde wie andere Hengste.

Weitere Hengste, die in den Gründerjahren Bedeutung erlangten, sind Jae Bar Fox (von Doc's Jack Sprat) und Desperado Malbec (Doc's Malbec) von der Jomm Ranch, die später von Fritz Power (Fritz Command x Beaus Sparkle, von Beau Bonanza) abgelöst bzw. überschattet wurden. Andere frühe Hengste, die erwähnt werden sollten, sind Taps A Bar (Palomino Farm), Royal Tee Too (Riedsee Ranch) und Special Trick (Circle L Ranch).

In den letzten zehn Jahren sind so viele top-gezogene Hengste aus Nordamerika importiert worden, daß kaum einzelne herausgehoben werden können. Erst in zehn oder zwanzig Jahren wird man wissen, welche davon in der Zucht Herausragendes geleistet haben…

Die Deutsche Quarter Horse Association (DQHA) wurde 1975 gegründet und ist anerkannter Regionalverband der AQHA – einer der größten in der Welt außerhalb Nordamerikas.

Besonders durch die Futurity- und Maturity-Programme der DQHA und das Futurity-Programm der NRHA of Germany wurde die Quarter Horse-Zucht in Deutschland entscheidend vorangebracht. Sie ist führend in Europa und braucht auch Vergleiche mit dem Mutterland USA nicht zu scheuen. Die DQHA ist ein staatlich anerkannter deutscher Zuchtverband.

Die Zahl der Quarter Horses in Deutschland wurde im Jahr 2000 mit ca. 20.000 angegeben. Quarter Horse Shows (Turniere) werden überall in Deutschland angeboten und nach AQHA-Richtlinien durchgeführt, d. h., daß auch von der AQHA anerkannte Richter angeheuert werden müssen. Neben amerikanischen Richtern, die nach wie vor verpflichtet werden, besonders für die großen Turniere, gibt es auch mehrere Deutsche, welche die Anerkennung als Richter durch die AQHA erworben haben.

Headquarters der American Quarter Horse Association in Amarillo, Texas

DIE AMERICAN QUARTER HORSE ASSOCIATION

Quarter Horses... werden immer populärer und erzielen heute höhere Preise als je zuvor. Es wird nicht mehr lange dauern, und die Züchter werden einen Zuchtverband gründen und ein Stutbuch führen. Schließlich ist das Pferd, das sie züchten, älter als der Vollblüter, und von seinem Blut ist freizügig Gebrauch gemacht worden bei der Schaffung aller modernen amerikanischen Pferderassen.

Es war zu erwarten, daß die große Zeit dieses großartigen Pferdes einmal kommen würde.

Bob Denhardt, 1939

Mit der Gründung der American Quarter Horse Association am 15. März 1940 brach in der Tat die große Zeit dieses Superpferdes an. Gegründet als ein Interessenverband zur Erhaltung einer Pferderasse, die man als fast ausgestorben ansah, verselbständigte sich der Verein bald und entwickelte sich zum größten Zuchtverband einer Haustierrasse in der Welt.

Robert Moorman („Bob") Denhardt war die Triebfeder gewesen, die diese Gründung herbeigeführt hatte. Schon Jahre vorher war er unermüdlich auf den Spuren der Quarter Horses durch das Land gereist, und er hatte Artikel veröffentlicht, die das Interesse an diesen Pferden und an ihrer Erhaltung wecken sollten. Zu seinem Leidwesen entwickelte sich die Quarter Horse-Zucht aber relativ bald in einer Richtung weiter, die er und andere Liebhaber des originalen Quarter Horses nicht beabsichtigt hatten. Pferde, die zwar Quarter Horse-Blut hatten, aber nicht von reinem, ursprünglichem Typ waren, stellten bald die Mehrzahl der eingetragenen Tiere. Die Erhaltung des alten Typs, um die es den Gründern der AQHA gegangen war, trat in den Hintergrund, die Zucht bekam eine Eigendynamik, viele Köche rührten den Brei an –

wir wollen nicht sagen, daß sie ihn verdorben hätten –, und eine Rasse entstand, die wir als das moderne Quarter Horse kennen.

Bob Denhardt blieb dem von ihm initiierten und mitgegründeten Verband treu und war dessen erster Geschäftsführer und Stutbuchführer.

Drei Jahre nach Gründung der AQHA waren rund 2.000 Quarter Horses registriert und weitere 1.000 Anträge lagen noch unbearbeitet in den Schubladen. Das Quarter Horse war auf dem Wege, das populärste Pferd der Welt zu werden.

Heute ist die AQHA eine gigantische Organisation, die im Jahr 2000 weltweit über 326.000 Mitglieder hatte, und die Anzahl der dort weltweit registrierten Pferde geht mit Riesenschritten auf die 4-Millionen-Marke zu! Anfang des Jahres 2001 ist mit dem Überschreiten der 4 Millionen zu rechnen. Die langjährige Quarter Horse-Züchterin Carol Rose aus Gainesville, Texas, hat auf der AQHA Convention im Jahr 2000 die Registrationsnummer 4.000.000 für sich ersteigert.

Pro Jahr werden bei der AQHA rund 200.000 Besitzwechsel bearbeitet und zigtausend Pferde neu eingetragen: allein in den ersten 5 Monaten des Jahres 2000 wurden über 54.000 Quarter Horses eingetragen. Rund 2.500 anerkannte AQHA Shows (Turniere) finden jährlich statt und eine Vielzahl anerkannter Rennen.

Täglich gehen bei der AQHA in Amarillo, Texas, wo die modernen Head Quarters am „Quarter Horse Drive“ liegen und eine eigene Abfahrt vom Interstate haben, bis zu 4.000 Telefonanrufe ein, im ganzen Jahr über eine halbe Million.

Dort befindet sich auch in einem modernen separaten Gebäude das American Quarter Horse Heritage Center und Museum, das einen Besuch wert ist.

Es ist völlig berechtigt, von einer Quarter Horse-Industrie zu sprechen, wie dies die Amerikaner tun, und diese Quarter Horse-Industrie ist ein beachtlicher Wirtschaftsfaktor, der jährlich viele Millionen Dollar umsetzt.

Die AQHA ist Herausgeber von drei Quarter Horse-Magazinen („The Quarter Horse Journal“, „The Quarter Racing Journal“ und „America's Horse“) und hat ihr eigenes Fernsehprogramm. Sie veranstaltet jährlich die AQHA World Championship Show, die sich über zwei Wochen erstreckt und 1997 beispielsweise fast 3.500 Starter hatte, wobei 1,6 Millionen Dollar in Geld- und Sachpreisen vergeben wurden. Auf der AQHA World Show Sale 1997 wurden 394 Pferde versteigert, die einen Gesamterlös von 3,1 Millionen Dollar brachten!

Ständig werden von der AQHA auch wissenschaftliche Forschungen in verschiedenen Pferde-Fachbereichen finanziert.

Im American Quarter Horse Heritage Museum findet man viel Informatives rund ums Quarter Horse

Die von der AQHA sanktionierten Quarter Horse-Rennen sind vielfach hochdotiert, und das Rennen mit dem meisten Preisgeld auf der Welt ist nicht etwa ein Vollblutrennen, sondern ein Quarter Horse Race, nämlich die All-American Futurity.

Daß die AQHA seit ihrer Gründung 3,7 Millionen Pferde registriert hat, ist eine Sache, aber wieviele lebende Quarter Horses gibt es heute tatsächlich weltweit? Nach Angaben der AQHA sind es weit über 2,8 Millionen, davon etwa 2,6 Millionen allein in den USA, ca. 190.000 in Canada und über 60.000

in anderen Ländern der Welt (Stand 1997).

Noch ein wenig Statistik gefällig? Laut AQHA sind 42 % der AQHA-Mitglieder männlich, 58 % weiblich. Der durchschnittliche „Quarter Horse-Haushalt" hat 6,39 Quarter Horses, die zusammen durchschnittlich 36.178 Dollar wert sind, das ergibt einen Durchschnittspreis pro Pferd von 5.661 Dollar.

Fast 200.000 Quarter Horses wechselten 1997 offiziell den Besitzer, und nahezu 170.000 Quarter Horse-Stuten wurden 1997 gedeckt.

In der Quarter Horse-Zucht werden DNA-Analysen eingesetzt, um Identität und Abstammung der Pferde bestimmen bzw. überprüfen zu können.

Die AQHA hat außerhalb der USA und Canada 23 angeschlossene internationale Organisationen, davon 10 europäische. Deren Nationale Direktoren gehören zum *AQHA Board of Directors* und sind auch berechtigt, in den Gremien der AQHA mitzuwirken.

Das Quarter Horse im Rampenlicht: Siegerehrung bei der NRHA Futurity, die dem Sieger ein Preisgeld von $100.000 garantierte und jetzt sogar $150.000! Funk und Fernsehen sind dabei, und die AQHA hat sogar ihren eigenen Fernsehkanal

DAS SHOWING VON QUARTER HORSES

In Quarter Horse-Kreisen nennt man die Turniere „Shows". Nur auf von der AQHA anerkannten (approved) Shows können bei entsprechender Plazierung AQHA Points (Punkte) errungen werden. Wieviel Points man für seine Plazierung erhält, hängt von der Anzahl der Starter in der Klasse ab. Über diese Points wird von der AQHA Buch geführt, und wenn bestimmte festgelegte Punktzahlen erreicht wurden, gibt es entsprechende Auszeichnungen, z. B. Register of Merit (ROM), AQHA Champion oder AQHA Supreme Champion.

World Champion-Titel dagegen werden nur auf der jährlich stattfindenden AQHA World Championship Show verliehen. Die Sieger der Klassen auf der World Show sind die amtierenden World Champions, die Zweitplazierten Reserve World Champions. Um auf der World Championship Show starten zu können, muß man sich qualifizieren, d. h. auf approved AQHA Shows eine bestimmte Anzahl Points errungen haben, die für die einzelnen Disziplinen jedes Jahr festgesetzt werden.

Der Titel All-Around Champion dagegen kann auf jeder AQHA Show verliehen werden und geht an das Pferd, das unterm Strich in den meisten Wettbewerben dieser Show am erfolgreichsten war und in den vorgeschriebenen Klassen gestartet ist.

Ein Grand Champion-Titel wird an das Pferd verliehen, das auf einer gegebenen Show in Halter als das beste seines Geschlechts ge-

Team Penning ist eine Turnierdisziplin, die in den letzten Jahren immer beliebter geworden ist. Drei Reiter bilden ein Team; sie müssen drei bestimmte Rinder aus einer Herde heraussortieren (die Tiere tragen Nummern auf dem Rücken) und in einen Pen (ein Gatter) treiben. Das Team, das diese Aufgabe in der kürzesten Zeit meistert, hat gewonnen
Links: Die Reiter beginnen mit dem Aussortieren
Links unten: Zwei treiben die Rinder Richtung Pen, ein dritter sichert die Gasse zwischen Pen und Bahnbegrenzung
Unten rechts: Geschafft! Eine tadellose Arbeit

kürt wurde. Das zweitbeste erhält den Titel Reserve Champion. Es gibt also jeweils einen Grand Champion Stallion (bester Halter-Hengst der Show), eine Grand Champion Mare (beste Halter-Stute der Show) und einen Grand Champion Gelding (bester Halter-Wallach der Show) außerdem die entsprechenden Reserve Champions jeder Division.

Das AQHA Official Handbook of Rules and Regulations unterteilt die anerkannten Klassen noch in verschiedene Divisionen: Open, Amateur und Youth. Das bedeutet, daß Amateure und Jugendliche auch unter sich wetteifern und Auszeichnungen erringen können.

Desweiteren geben die AQHA-Regeln die Möglichkeit, die Performance-Klassen nach dem Alter der Pferde in Junior- und Senior-Klassen zu unterteilen. Junior-Pferde

sind solche bis zu einem Alter von 5 Jahren, Senior-Pferde sind alle älteren.

Es gibt eine Fülle von unterschiedlichen Disziplinen, die von der AQHA als approved Classes für AQHA Shows angeboten bzw. anerkannt werden. Dazu gehören zum Beispiel:

Barrel Racing, Breakaway Roping, Calf Roping, Cutting, Dally Team Roping, Equitation over Fences, Halter, Hunter Hack, Hunt Seat Equitation, Hunter under Saddle, Jumping, Pleasure Driving, Pole Bending, Reining, Showmanship at Halter, Stake Racing, Team Penning, Trail, Western Horsemanship, Western Pleasure, Western Riding, Working Cowhorse and Working Hunter.

Alle diese Disziplinen werden unter dem Begriff Arena-Disziplinen zusammengefaßt, im Gegen-

Oben: Unter den gestrengen Augen des Richters navigiert das Trail-Pferd durch den Parcours – jedes Berühren oder gar Anschlagen der Hindernisse, jede verzögerte Reaktion des Pferdes wird negativ bewertet. Auf engstem Raum muß das Pferd hufbreit für hufbreit genau den Hilfen des reiters folgen. Dabei soll es noch aufmerksam mitarbeiten, was vor allem durch das Ohrenspiel offenbar wird

satz zum Racing, dem Rennsport mit seinen approved (anerkannten) Distanzen.

Auf AQHA Shows fungieren nur Richter, die speziell von der AQHA ausgebildet und anerkannt werden. Das Verpflichten von AQHA-anerkannten Richtern gehört zu den Voraussetzungen, unter denen eine AQHA Show nur veranstaltet werden kann.

Links oben: Wenn zur Prüfung man vor allen Zuschauern und den Richtern einreitet, kann man sich als der einsamste Mensch auf der Welt fühlen…

Oben: Die Disziplin Western Riding ist eine anspruchsvolle Westerndressurklasse. Genau in der Mitte zwischen Markierungen muß fliegend gewechselt werden. Im Hintergrund sieht man eine auf dem Boden liegende Stange, über die galoppiert werden muß

Links: Auf Quarter Horse-Turnieren herrscht eine relaxte Atmosphäre – das Pferd ist immer dabei, auch bei einer kleinen Pause oder einem Schwätzchen

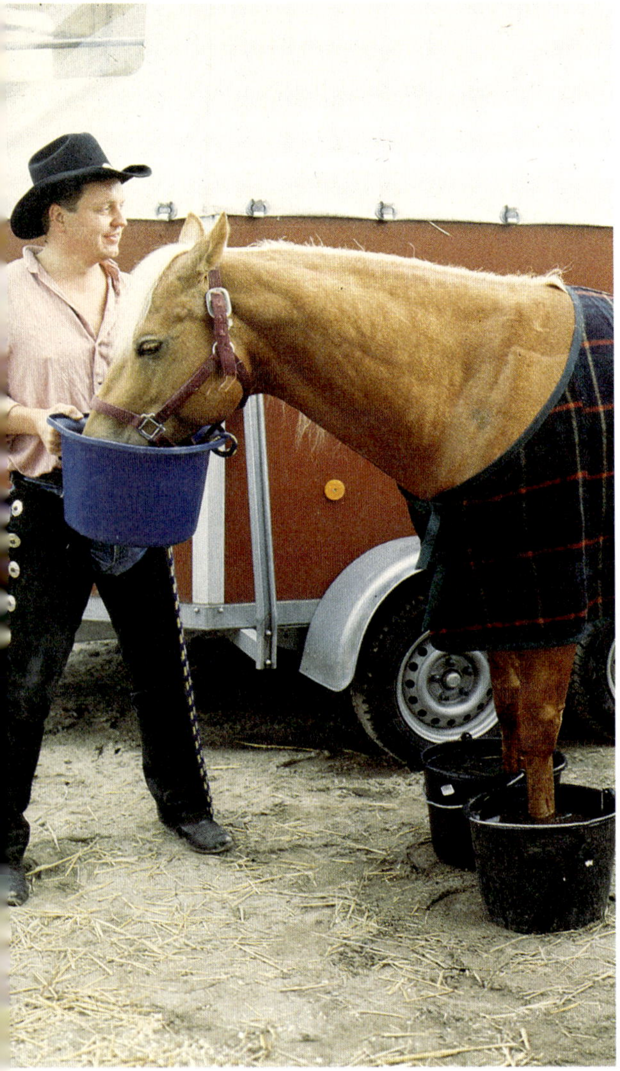

Eine typische Szene, welche die Unkompliziertheit, Kooperationsbereitschaft und Nervenstärke der Quarter Horses illustriert – im ganzen Turniertrubel steht dieser Hengst brav still und läßt sich die Füße kühlen…

Erfolgreich besuchte Shows bedeuten nicht nur Genugtuung für die Vorsteller, sondern auch eine Steigerung des Marktwertes der vorgestellten Pferde.

DIE AQHA SUPREME CHAMPIONS

Die höchste Auszeichnung, welche die AQHA zu vergeben hat, ist der Titel „Supreme Champion". Wie hoch diese Auszeichnung anzusiedeln ist, geht schon daraus hervor, daß trotz der Millionen Quarter Horses bislang nur ganze 46 diesen Titel errungen haben.

Der erste war Kid Meyers, der sich den prestigeträchtigen Titel 1967 erarbeitete. Kid Meyers war von Three Bars und aus einer Tochter des Foundation Sires Leo.

Three Bars hat noch weitere drei Supreme Champions gezeugt. Leo selbst hatte auch einen Supreme Champion, Leo Maudie, die 1971 die begehrte Auszeichnung gewann.

Hervorzuheben ist noch die Stute Maudie Williams, die zwei Supreme Champions produzierte und Großmutter eines dritten war. Sie war von dem old-type Quarter Horse Billy Anson.

Beim Studium der Supreme Champions wird es auffällig, wie bedeutend der Einfluß der Foundation-Hengste Three Bars und Leo war.

Was muß ein Pferd leisten, um diesen prestigereichsten Titel der Quarter Horse-Welt zu erringen?

- Es muß auf der Rennbahn zweimal einen offiziellen Speed Index von 90 oder mehr laufen (AAA).

Oben: Kid Meyers, der erste AQHA Supreme Champion. Er war ein 1967 geborener Sohn von Three Bars (TB) und der Leo-Tochter Miss Meyers

- Es muß wenigstens 40 Points in Halter- und Performance-Klassen errungen haben, und zwar auf fünf oder mehr Shows und unter mindestens fünf verschiedenen Richtern oder in AQHA-anerkannten Rennen.
- Es muß wenigstens 15 Halter Points errungen haben, mindestens acht davon im Alter von zwei Jahren oder älter. Das Pferd muß auch wenigstens zweimal Grand Champion unter verschiedenen Richtern geworden sein, einmal davon als Zweijähriger oder älterer.
- Wenigstens 20 Performance Points muß es errungen haben in Performance-Klassen oder Rennen, mindestens acht dieser Points in einem oder mehreren der folgenden

Klassen: Reining, Working Cowhorse, Western Pleasure, Western Riding, Jumping, Green Working Hunter, Working Hunter, Hunter Hack, Hunter under Saddle.

- Wenigstens acht der 20 Points müssen in einem oder mehreren der folgenden Klassen errungen sein: Calf Roping, Dally Team Roping (Heading oder Heeling), Cutting.

Unten: Cutting ist eine der Performance-Disziplinen, in denen Points für AQHA Awards gewonnen werden können. Keine Pferderasse der Welt bringt den Cow Sense und solche Athletik für das Cutting mit wie das Quarter Horse
Photo Courtesy AQHA

AQHA SUPREME CHAMPIONS

Jahr	Name	Geb./Geschl.	Vater	Mutter	Vater d. Mutter
1967	Kid Meyers	'67/Hengst	Three Bars (TB)	Miss Meyers	Leo
1968	Fairbars	'61/Hengst	Three Bars (TB)	Lady Fairfax	Leo
	Bar Money	'60/Hengst	Three Bars (TB)	Miss Ruby	Los Molinos
	Jetaway Reed	'64/Hengst	Depth Bars	Jo Van Reed	Joak
	Miss Roy Deck	'63/Stute	Roy Deck	Bar Y Fancy	Silver Cash
	Cat's Cue Bar	'61/Wallach	Catechu	Chicabar Doll	Leo Bar
	Enhanced	'61/Hengst	JB King	Nancy Hance	My Texas Dandy
1970	Mach I	'60/Hengst	Junior Reed	Spanish Joy	Spanish Nick
	Milk River	'61/Hengst	Custus Rastus (TB)	Leolib	Leo
	Goodbye Sam	'64/Hengst	Fairfax Joe	Maudie Leo	Leo
1971	Desto Bar	'63/Stute	Nug Bar	Billie Texas	Captain Bill
	Astro Deck^	'62/Hengst	Top Deck (TB)	Flo St Jo	Reed McCue
	Leo Maudie	'61/Stute	Leo	Maudie Williams	Billy Anson
	Diamond Dividend	'65/Hengst	Senor Campos	King's Kay	Billie
	Lightning Rey	'58/Hengst	Lightning Bar	Reina Rey	Rey
	My Stormy Boy	'58/Hengst	They Say (TB)	Annver	Peppy's Apache
	Diamond Duro	'65/Hengst	Diamond Charge	Missy Bar Leo	Sugar Bars
	Back Stretch	'61/Hengst	Diamond 2 Bar	Annette Kay	Bullet
1972	Magnolia Pay	'64/Hengst	Magnolia Bar	Miss Pay Day B	Pay Day
	Hank Will	'66/Hengst	Tonto Bars Hank	Mine Will (TB)	I Will
	Deck Jack	'64/Hengst	Bar Deck	Jackie J. (TB)	Toby J.
	Destiny Jagetta	'65/Stute	Destiny Leo Jag	Herfano	Victory Chief
	Sugar Sabre	'66/Hengst	Dan's Sugar Bars	Barblo Twist	Sabre Twist
	Linda Scotland	'59/Stute	Silver Thistle (TB)	Bonnie Scotland	Golden Seal (TB)
1973	Goldseeker Bars	'62/Hengst	Three Bars (TB)	Spanish Joy	Spanish Nick
	Joe Fax	'63/Hengst	Fairfax Joe	Maudie Williams	Billy Anson
	Beatle Win	'64/Hengst	Alamitos Bar	Miss Win	Direct Win (TB)
	Fire Rocket	'66/Hengst	Rocket Bar (TB)	Tinky Berry	Tinky Poo
	Sugar Rocket	'67/Hengst	Rocket Bar (TB)	Sugar Mayday	Leo
	Goldie Bars	'64/Stute	Skookum Bars	Dusty Shoemaker	Golddust Shoemaker
1974	Jet Threat	'67/Hengst	Jet Deck	Rosita Leo	Leo
1976	Bar H Raider	'64/Hengst	Bar Raider	Cherry Pole	Quarter Pole
	Little Town	'64/Hengst	Buzz Bar	Custus Liz	Custus Rastus TB
	Coldstream Guard	'61/Hengst	Afton Creek (TB)	Miss Adelita	Leo
1977	Wonder Seeker	'70/Hengst	Otoe's Wonder	Sorrel Seeker	Clabber Bar
	Savannah Tiger	'68/Hengst	Savannah Jr	Bar Tawny	Bar Tonto
	Th' Demon'	'73/Hengst	Double Devil	Red Bee Sis	Diamond Charge
	Sailor's Night	'66/Hengst	Mr Depth Charge	Sailor Day	B Day
1978	Coffee Bar King	'63/Hengst	Depth Bars	Pigeon Toe Coffee	Chicaro Bill
	Western Otoe	'71/Hengst	Donald's Eclipse	La Payasa	Chief V
1979	War Machine	'66/Hengst	Top Deck (TB)	La Machine	Green Flash (TB)
	Sir Savannah	'72/Hengst	Savannah Jr	Last Bardial	Johnny Dial
	He Rocket	'69/Hengst	Rocket Bar (TB)	Lady Me	Joe Reed II
	Goldseeker Bud	'67/Hengst	Goldseeker Bars	Dream Baby	Depth Charge TB
1995	Gotum Gone	'89/Wallach	Dash For Cash	I Gotum	Beduino (TB)
1997	Lucks Easyfanta Boy	'86/Hengst	Lucks Gay Chic	Easy Fantacia	Easy Jet

(TB = Thoroughbred/Vollblüter)

DIE ABSTAMMUNG VON LEO

Links: Joe Reed II

LEO, 1940-1968
AQHA #1335

Joe Reed II
Little Fanny

Joe Reed
Nellene
Joe Reed
Fanny Ashwell

Joe Blair T.B.
Della Moore
Fleeting Time T.B.
Little Red Nell
Joe Blair T.B.
Della Moore
Ashwell T.B.
Fanny Richardson

Bonnie Joe
Miss Blair
Old D.J. (Dedier)
La Hernandez
High Time
British Fleet
Brown Billy
Red Nell
Bonnie Joe
Miss Blair
Old D.J. (Dedier)
La Hernandez
Alloway
Melton Mowbray
Sister Fanny

Faustus
Bonnie Rose
Bowling Green
Com-I-Cut
Crazy Cue
Meon (Mignon)
Dewey T.B.
Hernandez Mare
Ultimus
Noonday
Great Britain
Belle Nutter
Pancho
Mary by
Texas Chief
Faustus
Bonnie Rose
Bowling Green
Com-I-Cut
Crazy Cue
Meon (Mignon)
Dewey T.B.
Hernandez Mare
Springfield
Lady Morgan
Melton
Semper Cara
Whistle Jacket T.B.

Enquirer by Leamington
Lizzie G by War Dance
Bonnie Scotland by Iago
Melrose by Childe Harolds
King Galop by Galopin
Playing Fields by Adventurer
Pursebearer by The Scottish Chief
Isbell by Spendthrift
Queue by Valour
Lannie by Grant
Carlos by Iroquois
Inez by King
Sain by St. Serf
Sister To Uncle Bob by Luke Blackburn
Beauregard
Commando by Domino
Running Stream by Domino
Domino by Himyar
Sundown by Springfield
The Commoner by Hanover
Touch Not by Tremont
Faraday by Himyar
Sarah F by Wagner
Old Billy by Shiloh
Paisana by Bailes Brown Dick
Traveler
Traveler
Halletsville Mare
Enquirer by Leamington
Lizzie G by War Dance
Bonnie Scotland by Iago
Melrose by Childe Harolds
King Galop by Galopin
Playing Fields by Adventurer
Pursebearer by The Scottish Chief
Isbell by Spendthrift
Queue T.B. by Valour
Lannie by Grant
Carlos by Iroquois
Inez by King
Sain by St. Serf
Sister To Uncle Bob by Luke Blackburn
Beauregard
St Albans by Stockwell
Viridis by Marsyas
Thormanby by Windhound
Morgan La Faye by Cowl
Master Kildare by Lord Ronald
Violet Melrose by The Scottish Chief
King Alfonso by Phaeton
La Sylphide by Fellowcraft
Hermit by Newminster
Fortress by Citadel

DIE ABSTAMMUNG VON KING

Links: Poco Bueno, einer der ganz großen Vererber, die King gezeugt hat

		Traveler			
	Little Joe				
					Old Billy by Shiloh
				McCoy Billy	
					Billy Fleming Mare
			Sykes Rondo		
					Cold Deck by Old Billy
				Grasshopper	
					Alice by Harry Bluff
		Jenny			
					Old Billy by Shiloh
				Anthony	
					Paisana by Bailes Brown Dick
			May Mangum		
					Fanning's Tiger by Tiger
				Belle Nellie	
Zantanon					
					Old Billy by Shiloh
				Sykes Rondo	
					Billy Fleming Mare
			Big Jim		
		Billy			
			McFadden		
	Jeanette				
					Old Billy by Shiloh
				McCoy Billy	
					Billy Fleming Mare
			Sykes Rondo		
					Cold Deck by Old Billy
				Grasshopper	
					Alice by Harry Bluff
		Mare by			
KING, 1932-1958 AQHA #P-234					
					Whalebone by Old Billy
				Lock's Rondo	
					Mittie Stephens by Shiloh Jr.
			Little Rondo		
					Project T.B.
				Minnie Franks	
					Franks Mare
		Yellow Jacket			
					Whalebone by Old Billy
				Lock's Rondo	
					Mittie Stephens by Shiloh Jr.
			Barbee Dun		
					Joe Lee by Hamilton's Joe
				Mary Lee	
	Strait Horse				
			Traveler		
		Gardner Mare			
Jabalina					
		Traveler			
	Jenny				

DIE ABSTAMMUNG VON DOC BAR

Links: Doc Bar

DOC BAR 1956-1992
AQHA #76136

- Lightning Bar
  - Three Bars T.B.
    - Percentage
      - Midway
        - Ballot
          - Voter by Friar's Balsam
          - Cerito by Lowland Chief
        - Thirty Third
          - Sir Dixon by Billet
          - High Degree by High Highness
      - Gossip Avenue
        - Bulse
          - Disquise II by Domino
          - Nethersole by Tournament
        - Rosewood
          - Magneto by Star Shoot
          - Rosetree by Bona Vista
    - Myrtle Dee
      - Luke McLuke
        - Ultimus
          - Commando by Domino
          - Running Stream by Domino
        - Midge
          - Trenton by Musket
          - Sandfly by Isonomy
      - Civil Maid
        - Patriot
          - Ben Brush by Bramble
          - Sandfly by Isonomy
        - Civil Rule
          - Carlsbad by Glenelg
          - Semper Victoire by Logic
  - Della P
    - Doc Horn T.B.
      - Flying Squirrel
        - Cesarion
          - Faustus by Enquirer
          - Cleopatra by Rosicrucian
        - Katie W
          - Himyar by Alarm
          - Favoress by Macaroon
      - Debutante
        - McGee
          - White Knight by Sir Hugo
          - Remorse by Hermit
        - Hanrose
          - Hanover by Hindoo
          - Mrs Manton by Duke of Montrose
    - Mare by
      - Old D. J. (Dedier)
        - Crazy Cue
          - Queue T.B. by Valour
          - Lannie by Grant
        - Meon (Mignon)
          - Carlos by Iroquois
          - Inez by King
- Dandy Doll
  - Texas Dandy
    - My Texas Dandy
      - Porte Drapeau T.B.
        - Sun Star
          - Sunridge by Amphion
          - Doris by Loved One
        - Bright Cherry
          - Ayrshire by Hampton
          - Cerisette by Galopin
      - Sadie M
        - Little Dick
          - Sleepy Dick by Little Rondo
          - Flora by Pilgrim T.B.
        - Nellie
          - Panmure T.B. by Tenny
    - Streak
      - Lone Star
        - Gold Enamel T.B.
          - Maddison by Hampton
          - Enamel by Enquirer
        - Quarter Mare
      - Mare by
        - Cap
          - Tom Glover by Sykes Rondo
          - Dutchie (Mangum Mare)
        - Duderstadt Mare
  - Bar Maid F
    - Bartender II
      - Lawyer T.B.
        - Tryster T.B.
          - Peter Pan by Commando
          - Tryst by St Amant
        - Entanglement
          - Rire Aux Larmes by Rabelais
          - Tangle by Meddler
      - Lundy
        - Ace of Hearts
          - Duderstadt Horse
          - Queen
        - Berry Ketchum Mare
    - Nelly Bly
      - Red Joe of Arizona
        - Joe Reed
          - Joe Blair T.B. by Bonnie Joe
          - Della Moore by Old D.J.
        - Little Red Nell
          - Brown Billy by Pancho
          - Red Nell by Texas Chief
      - Topsy
        - Gringo
        - Evelyn
          - Joe Blair II by Joe Blair T.B.

DIE ABSTAMMUNG VON DOC O’LENA

Links: Poco Lena

DOC O’LENA 1967-1993
AQHA #493297

Doc Bar	Lightning Bar	Three Bars T.B.	Percentage	Midway	Ballot by Voter Thirty Third by Sir Dixon
				Gossip Avenue	Bulse by Disquise Rosewood by Magneto
			Myrtle Dee	Luke McLuke	Ultimus by Commando Midge by Trenton
				Civil Maid	Patriot by Ben Brush Civil Rule by Carlsbad
		Della P	Doc Horn T.B.	Flying Squirrel	Cesarion by Faustus Katie W by Himyar
				Debutante	McGee by White Knight Hanrose by Hanover
			Mare by	Old D.J. (Dedier)	Crazy Cue by Queue Meon (Mignon) by Carlos
	Dandy Doll	Texas Dandy	My Texas Dandy	Porte Drapeau T.B.	Sunstar by Sundridge Bright Cherry by Ayrshire
				Sadie M	Little Dick Nellie by Panmure T.B.
			Streak	Lone Star	Gold EnamelT.B. by Maddison Quarter Mare
				Mare by	Cap by Tom Glover Duderstadt Mare
		Bar Maid	Bartender II	Lawyer T.B.	Tryster by Peter Pan Entanglement by Rire Aux Larmers
				Lundy	Ace Of Hearts by Duderstadt Horse Berry Ketchum Mare
			Nelly Bly	Red Joe Of Arizona	Joe Reed by Joe Blair T.B. Little Red Nell by Brown Billy
				Topsy	Gringo Evelyn by Joe Blair II
Poco Lena	Poco Bueno	King	Zantanon	Little Joe	Traveler Jenny by Sykes Rondo
				Jeanette	Billy by Big Jim Mare by Sykes Rondo
			Jabalina	Strait Horse	Yellow Jacket by Little Rondo Gardner Mare by Traveler
				Jenny	Traveler
		Miss Taylor	Old Poco Bueno	Little Joe	Traveler Jenny by Sykes Rondo
				Virginia Dee	Big Jim by Sykes Rondo O’Connor Mare
			Eads Mare	Hickory Bill	Peter McCue by Dan Tucker Lucretia M by The Hero T.B.
				Charles Premont Mare	
	Sheilwin	Pretty Boy	Dodger	Harmon Baker	Peter McCue by Dan Tucker Nona P by Dan Tucker
				Froggie	Joe Collins by Old Billy Dolly by Red Rover
			Little Maud	Tip	Jazz by Harmon Baker Mare by Major Domo
				Bess	Gardner Horse by Traveler
		Mare by	Blackburn	Yellow Jacket	Little Rondo by Lock’s Rondo Barbee Dun by Lock’s Rondo
				Siss	Peter McCue by Dan Tucker
			Waggoner Mare		

DIE ABSTAMMUNG VON PEPPY SAN BADGER

Links: Peppy San Badger

			Joe Reed II	Joe Reed	Joe Blair T.B. by Bonnie Joe Della Moore by Old D.J. (Dedier)
		Leo		Nellene	Fleeting Time T.B. by High Time Little Red Nell by Brown Billy
			Little Fanny	Joe Reed	Joe Blair T.B. by Bonnie Joe Della Moore by Old D.J. (Dedier)
	Leo San			Fanny Ashwell	Ashwell T.B. by Alloway Fanny Richardson
			San Siemon	Zantanon	Little Joe by Traveler Jeanette by Billy
		San Sue Darks		Panita	Possum (King) by Traveler Quarter Mare
			Little Sue	Sam Watkins	Hickory Bill by Peter McCue Hattie W by Hi Henry
Mr San Peppy				Sorrel Perez	Chaquiz by Little Rondo Twenty Four Roan by Chaquiz
			Macanudo	Old Sorrel	Hickory Bill by Peter McCue Dr Rose Mare
		Pep Up		Canales Bell	Roan Clegg by Hickory Bell Pelicana by Texas Chief
			Petra R2	Little Richard	Old Sorrel by Hickory Bill Lucky Mose T.B.
	Peppy Belle			Lucky Rose Mare	
			Gold Rush	Caliente	Del Rey T.B. by Swedish King
		Belle Burnett		Sorrel Mare	
				Red Buck	Buck Thomas by Peter McCue Zepplin T.B.
PEPPY SAN BADGER 1974 AQHA #1089924			Triangle Lady		
			Midnight Jr	Midnight	Badger by Peter McCue Nellie Trammell by Ace
		Grey Badger II		Salty	Billy The Tough by A.D. Reed Peachie by Joy
			Grey Annie	Billy The Tough	A.D. Reed by Peter McCue Betsy by Kid Weller
	Grey Badger III			Mare by	Casey Jones by Peter McCue
			Greenock	The Porter	Sweep by Ben Brush Ballet Girl by St Leonards
		Mary Greenock T.B.		Starella	Star Shoot by Isinglass Pamela by Hamburg
			That's Mine	Phalaros	Phalaris by Polymelus Picardel by Picton
Sugar Badger				That's That	High Time by Ultimus Rush Box by Box
			Redwood	Madway Tenacity	Bull Dog Tenacity by North Star III T.B.
		Lucky Jim		Miss Anson	Harmon Baker by Peter McCue Hettie Jones
			Little Mother	Tom (Scooter)	Midnight by Badger Trixie by Press
	Sugar Townley			Triangle Mare	
		RJ Clark Mare			

DIE ABSTAMMUNG VON FRECKLES PLAYBOY

Jewel's Leo Bars

FRECKLES PLAYBOY 1973
AQHA #911588

Gay Jay

Sugar Bars
Leo Pan
Rey Jay
Georgia Cody

Three Bars T.B.
Frontera Sugar
Leo
Panchita
Rey Del Rancho
Calandria K
Sorghum Bill
WS Chestnut

Percentage
Myrtle Dee
Rey
Dun Mare
Joe Reed II
Little Fanny
Handy Shot T.B.
Mule Shoe Mare
Ranchero
Panda De La Tordia
Tino
Tordia De Garcia
Bill Cody
Lasse's Keturah
Jiggs
Waggoner Mare

Midway
Gossip Avenue
Luke McLuke
Civil Maid
Captain's Courageous
Goldie
Ben Hur
Reynolds Mare
Joe Reed
Nellene
Joe Reed
Fanny Ashwell
Call Shot
Handy Cup
Little Joe
Solis
Borega
Ranchero
Panda De Tordilla
Old Sorrel
Brisa
Norias Grey Horse
Norias Mare
Wimpy
Pesetita
Fred Litze
April Fool

Ballot by Voter
Thirty Third by Sir Dixon
Bulse by Disquise
Rosewood by Magneto
Ultimus by Commando
Midge by Trenton
Patriot by Ben Brush
Civil Rule by Carlsbad
Stimulus by Ultimus
Sea Dream by Lemonora
Red Lantados T.B. by Lantados
Golddust by Newman Trammell Horse
Rainy Day by Lone Star
Nettie Jacket by Yellow Jacket

Joe Blair T.B. by Bonnie Joe
Della Moore by Old D.J. (Dedier)
Fleeting Time T.B. by High Time
Little Red Nell by Brown Billy
Joe Blair T.B. by Bonnie Joe
Della Moore by Old D.J. (Dedier)
Ashwell T.B. by Alloway
Fanny Richardson
Meelick by Plaudes

Hanover by Hindoo
Kingcup by Kingcraft
Traveler
Jenny

Old Sorrel by Hickory Bill
Lazarus T.B. mare by Right Royal
Old Sorrel by Hickory Bill

Solis by Old Sorrel
Borega by Old Sorrel
Babe Grande by Old Sorrel
Norias Ranch Mare
Hickory Bill by Peter McCue
Dr. Rose Mare
San Vicente T.B. by Friar Rock
T.B. Ranch Mare

Solis by Old Sorrel
Panda by Old Sorrel
Old Sorrel by Hickory Bill
Peseta by Cardinal

Old Fred by Black Ball
Queen Litze T.B. by Lee Rielly
Old Fred by Black Ball

DIE ABSTAMMUNG VON IMPRESSIVE

				Ballot	Voter by Friar's Balsam
			Midway		Cerito by Lowland Chief
				Thirty Third	Sir Dixon by Billet
		Percentage			High Degree by High Highness
				Bulse	Disquise II by Domino
			Gossip Avenue		Nethersole by Tournament
				Rosewood	Magneto by Star Shoot
	Three Bars				Rosetree by Bona Vista
				Ultimus	Commando by Domino
			Luke McLuke		Running Stream by Domino
				Midge	Trenton by Musket
		Myrtle Dee			Sandfly by Isonomy
				Patriot	Ben Brush by Bramble
			Civil Maid		Sandfly by Isonomy
				Civil Rule	Carlsbad by Glenelg
Lucky Bar T.B.					Semper Victoire by Logic
				Solario	Gainsborough by Bayardo
			Dastur		Sun Worship by Sundridge
				Friar's Daughter	Friar Marcus by Cicero
		Karimkhan			Garron Lass by Roseland
				Tracery	Rocksand by Sainfoin
			Teresina		Topiary by Orme
				Blue Tit	Wildfowler by Gallinule
	Fulfilment				Petit Bleu by Eager
				Black Toney	Peter Pan by Commando
			Bimelech		Belgravia by Ben Brush
				La Troienne	Teddy by Ajax
		Flying Bimy			Helene De Troie by Rondeau
				Man O'War	Fair Play by Hastings
IMPRESSIVE 1969-1995		Thirty Knots			Mahuba by Rock Sand
				Brush Along	Sweep by Ben Brush
AQHA #767246					Camilla by Ormondale
				Midway	Ballot by Voter
			Percentage		Thirty Third by Sir Dixon
				Gossip Avenue	Bulse by Disquise
		Three Bars T.B.			Rosewood by Magneto
				Luke McLuke	Ultimus by Commando
			Myrtle Dee		Midge by Trenton
				Civil Maid	Patriot by Ben Brush
	Lightning Bar				Civil Rule by Carlsbad
				Flying Squirrel	Cesarion by Faustus
			Doc Horn T.B.		Katie W by Himyar
				Debutante	McGee by White Knight
		Della P			Hanrose by Hanover
				Old D.J. (Dedier)	Crazy Cue by Queue
			Mare by		Meon (Mignon) by Carlos
Glamour Bars					
				Percentage	Midway by Ballot
			Three Bars T.B.		Gossip Avenue by Bulse
				Myrtle Dee	Luke McLuke by Ultimus
		Sugar Bars			Civil Maid by Patriot
				Rey	Captain's Courageous T.B.
			Frontera Sugar		Goldie by Red Lantados
				Dun Mare	Ben Hur by Rainy Day
	Tonkawa Bar				Reynolds Mare
				Joe Reed II	Joe Reed by Joe Blair
			Leo		Nellene by Fleeting Time
				Little Fanny	Joe Reed by Joe Blair
		Bucket Baby			Fanny Ashwell by Ashwell T.B.
				Ben Johnson Black Stud	
			Black Dahlia Bucket		
				Blackie	Pal O'Mine by Rainy Day
					Ramona

DIE ABSTAMMUNG VON HOLLYWOOD JAC 86

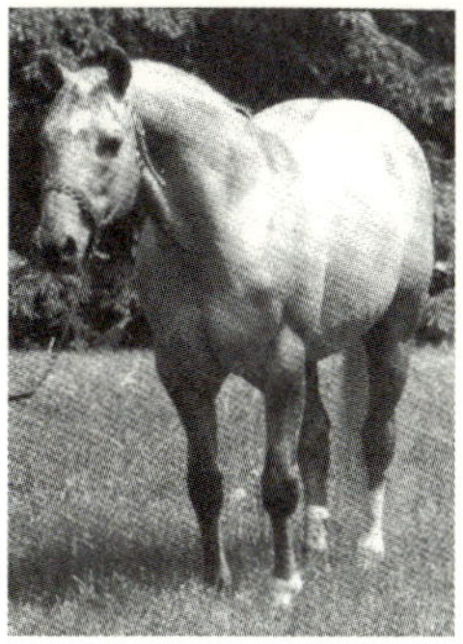

Links: Hollywood Jac 86

Traveler
Little Joe
Jenny — Sykes Rondo by McCoy Billy
May Mangum by Anthony
Zantanon
Billy — Big Jim by Sykes Rondo
McFadden
Jeanette
Mare by — Sykes Rondo by McCoy Billy
King
Yellow Jacket — Little Rondo by Lock's Rondo
Barbie Dun by Lock's Rondo
Strait Horse
Gardner Quarter Mare — Traveler
Jabalina
Traveler
Jenny

Easter King

Little Joe — Traveler
Jenny by Sykes Rondo
Zantanon
Jeanette — Billy by Big Jim
Mare by Sykes Rondo
Cuate
Camaron (Shrimp) — Texas Chief by Traveler
Gocha
Abraham Perez Mare
Gocha
Darity
Tony — Allen's Sykes by Sykes Rondo
Mare by Jim Ned or Traveler
Jane
Mare by

HOLLYWOOD JAC 86 1967-1992
AQHA #592185

Del Rey T.B. — Swedish King by Rey el Santa Anita
Caliente
Gold Rush
Sorrel Mare
Hollywood Gold

Triangle Lady 17

Miss Hollywood

Brown Prince II — Dark Ronald by Bay Ronald
Excellenza by Haut Brion
Brown Bud
June Rose — Myram by Flying Fox
Pietra by Pietermaritzburg
Buggins T.B.
Johren — Spearmint by Carbine
Mineola by Meddler
Brenda T.B.
Charity — Whisk Broom II by Broomstick
Baksheesh by Hamburg

Miss Buggins 86
(Miss Tommie 86)

Joe Graham Mare

DIE ABSTAMMUNG VON ZIPPO PINE BAR

ZIPPO PINE BAR, 1969-1998
AQHA #617456

- Zippo Pat Bars
  - Three Bars T.B.
    - Percentage
      - Midway
        - Ballot
          - Voter by Friar's Balsam
          - Cerito by Lowland Chief
        - Thirty Third
          - Sir Dixon by Billet
          - High Degree by High Highness
      - Gossip Avenue
        - Bulse
          - Disquise II by Domino
          - Nethersole by Tournament
        - Rosewood
          - Magneto by Star Shoot
          - Rosetree by Bona Vista
    - Myrtle Dee
      - Luke McLuke
        - Ultimus
          - Commando by Domino
          - Running Stream by Domino
        - Midge
          - Trenton by Musket
          - Sandfly by Isonomy
      - Civil Maid
        - Patriot
          - Ben Brush by Bramble
          - Sandfly by Isonomy
        - Civil Rule
          - Carlsbad by Glenelg
          - Semper Victoire by Logic
  - Leo Pat
    - Leo
      - Joe Reed II
        - Joe Reed
          - Joe Blair T.B. by Bonnie Joe
          - Della Moore by Old D.J. (Dedier)
        - Nellene
          - Fleeting Time T.B. by High Time
          - Little Red Nell by Brown Billy
      - Little Fanny
        - Joe Reed
          - Joe Blair T.B. by Bonnie Joe
          - Della Moore by Old D.J. (Dedier)
        - Fanny Ashwell
          - Ashwell T.B. by Alloway
          - Fanny Richardson
    - Dunny Girl
      - Little Chuck
        - Golden Chief
          - The Yellow Stud by Buck
          - Quarter Mare
        - Chuck
          - Little Tarzan by Yellow Wolf
          - Craft Mare
      - T.B. Mare
- Dollie Pine
  - Poco Pine
    - Poco Bueno
      - King
        - Zantanon
          - Little Joe by Traveler
          - Jeanette by Billy
        - Jabalina
          - Strait Horse by Yellow Jacket
          - Jenny by Traveler
      - Miss Taylor
        - Old Poco Bueno
          - Little Joe by Traveler
          - Virginia Dee by Big Jim
        - Eads Mare
          - Hickory Bill by Peter McCue
          - Charles Premont Mare
    - Pretty Rosalie
      - Pretty Boy
        - Dodger
          - Harmon Baker by Peter McCue
          - Froggie by Joe Collins
        - Little Maud
          - Tip by Jazz
          - Bess by Gardner
      - Waggoner Mare
  - Hobo Sue
    - Hobo
      - Joe Moore
        - Little Joe
          - Traveler
          - Jenny by Sykes Rondo
        - Della Moore
          - Old D.J. (Dedier) by Crazy Cue
          - La Hernandez by Dewey T.B.
      - Paulita
        - Paul Ell
          - Hickory Bill by Peter McCue
          - Baby Ruth by Sykes Rondo
        - Adalina
          - Little Joe by Traveler
          - Black Bess by Warrior
    - Home Gal
      - My Pardner
        - Uncle Jimmy Gray T.B.
          - Bonnie Joe T.B. by Faustus
          - Mary Hill by Bowling Green
        - Mollie Echols
          - Brown Billy by Pancho
      - Missie
        - Dogie Beasley
          - Sykes Rondo by McCoy Billy
          - May Mangum by Anthony
        - Holman Mare

Junge Quarter Horse-Stute in der schönen Palomino-Farbe. Farben wie Palomino, Dun, Buckskin und Roan sind – im Gegensatz zu vielen anderen Rassen – unter Quarter Horses nicht selten

BEDEUTENDE FOUNDATION QUARTER HORSE RANCHES UND -ZÜCHTER

Ausgangs des 19. Jahrhunderts entstanden große Rinder-Ranches, von denen einige nach und nach – zu Beginn des 20. Jahrhunderts – als Zuchtstätten von Quarter Horses etablieren sollten, die in wesentlichem Maße zum Fundament für den Aufbau der Rasse Quarter Horse wurden. Dazu gehörte allen voran die King Ranch, aber z. B. auch die Waggoner Ranch oder die 6666 (Four Sixes) Ranch.

Einige Züchter waren von enormer Bedeutung auch ohne eine riesige Ranch im Rücken zu haben, wie Coke Blake. Seine Zucht von „Blake Horses" basierte auf dem Gründerhengst Cold Deck. In Texas gab es Crawford Sykes und Joe Mangum (Sykes' Rondo), W. W. Lock (Lock's Rondo) und Dow und Will Shely (Traveler). Der „große kleine Mann" der Quarter-Zucht, Ott Adams, besaß Little Joe und züchtete viele berühmte Pferde, z. B. Zantanon, Joe Moore, Grano de Oro, Pancho Villa, Cotton Eyed Joe, Hobo, Lady of the Lake, Stella Moore, Ada Jones u.v.m.

William Anson, ein in Texas lebender Engländer, war der erste, der die Notwendigkeit eines eigenen Zuchtverbandes und Stutbuches für Quarter Horses sah. Er schrieb Artikel über das Quarter

Ott Adams

Horse, besaß den Peter McCue-Sohn Harmon Baker und züchtete viele hervorragende Pferde.

Auch John Dial, George Clegg und Bill Fleming waren Quarter Horse-Züchter in Texas. Coke Roberds hingegen und Marshall Peavy, Dan und Jack Casement sowie Warren Shoemaker leisteten in Colorado Wesentliches in der Zucht von Quarter Horses.

Dan Waggoner wurde einer der größten Rancher in Texas. Sein Landbesitz wuchs auf über 200.000 Hektar an, und er verkaufte um die Wende zum 20. Jahrhundert rund 40.000 Rinder jährlich. Sein Sohn Tom war begeisterter Pferdemann und dessen Sohn Paul konnte, nachdem auf dem Land Öl gefunden wurde, die Quarter Horse-Zucht als Liebhaberei betreiben.

Tom Waggoner liebte Falben und erwarb 1910 ein Hengstfohlen mitsamt seiner Mutter, das er Yellow Wolf nannte. Die Stute brachte ihm noch ein Hengstfohlen, Yellow Bear (beide von Joe Bailey). Beide wurden zu Foundation Sires. Dazu wurde Pretty Boy gekauft, der Pretty Buck zeugte. Und dann erwarb die Waggoner Ranch Poco Bueno und setzte mit ihm ganz neue Maßstäbe!

Samuel Burk Burnett war der Begründer der 6666 Ranch und hatte damals 300.000 Acres von den Kiowas und Apachen gepachtet. Er

Poco Tivio, von Poco Bueno, mit Pine Johnson, der für Paul Waggoners Three D Ranch als Trainer arbeitete

war ein Freund des letzten Comanchen-Häuptlings Quanah Parker. Nachdem auf Burnetts Land Öl gefunden wurde, entstand ein Öl-Boomtown namens Burkburnett am Wichita River. Burnett benutzte schon gern Vollblüter in der Zucht. Der Burnett Ranch, die auch Gründerhengste wie Joe Hancock besessen hatte, verdanken wir Hollywood Gold, der dort von Gold Rush und aus der Triangle Lady gezüchtet wurde. Hollywood Gold wurde zu einem der herausragendsten Vererber von Cutting-Pferden, wie z. B. Hollywood Lin, NCHA World Champion Cutting Horse 1964. Und das, ohne daß er je promoted wurde und ohne daß er für auswärtige Stuten aufgestellt worden wäre. Er war ein Zeuger von Ranchpferden, der trotzdem ein unschätzbares Erbe an Sportpferden hinterließ.

Hollywood Gold verdanken wir auch Hollywood Jac 86, der – was nicht viele wissen – auch ein gutes Rinderpferd war. Er war aus der Hollywood Gold-Tochter Miss Hollywood und von dem King-Sohn Easter King und hat für die Zucht von Reining-Pferden Unvergleichliches getan.

Oben: Hollywood Gold beim Cutting. Er hätte noch viel größeren Einfluß als Vererber haben können, wäre er einigermaßen promotet worden Links: Old Sorrel, der Foundation Sire der King Ranch. Leider existiert von ihm kein Foto, das ihn in seinen besten Jahren zeigt

Captain Richard King war der Gründer der legendären King Ranch im südlichsten Teil von Texas. Die 1853 gegründete Ranch wurde zu einem weltweit operierenden Unternehmen. Bob Kleeberg, Kings Schwiegersohn, war der Mann, der für den Aufbau der Quarter Horse-Zucht auf der King Ranch verantwortlich war. Das Zuchtziel war von Beginn an ein optimales Cow Horse, und die King Ranch-Zucht wurde mit nur einem Hengst begründet, der Old Sorrel genannt wurde. Auf ihn wurde in- und liniengezüchtet, weil er selbst als Rinderpferd so überzeugt hatte.

Old Sorrel war von Hickory Bill von Peter McCue. Seine Mutter

Captain Richard King in den Jahren, in denen er sein „Kingdom", die berühmte King Ranch in Südtexas, begründete

war von einer Ranch in Mexico und galt als eine Vollblutstute, die aus Kentucky gekommen war.

In dem letzten Sohn Old Sorrels, Hired Hand, erreichte die Zucht einen ersten Höhepunkt, und von da an wurde auf Hired Hand liniengezüchtet. Auf der King Ranch wurden auch die Zuchtstuten zuerst unter dem Sattel als Cow Horses getestet, bevor sie in der Zucht eingesetzt wurden.

Wimpy war ein Großsohn von Old Sorrel, der dadurch Berühmtheit erlangte, daß ihm wegen seines Sieges in Halter auf der Livestock Exposition and Fat Stock Show in Fort Worth 1941 die Registrationsnummer 1 der AQHA verliehen wurde.

Unter der Leitung von Stephen „Tio" Kleeberg profilierte sich die King Ranch gegen Ende des 20. Jahrhunderts als Zuchtstätte von Cutting-Pferden – nicht mehr nur für den Ranchgebrauch, sondern auch für den Turniersport. Dazu wurden Mr San Peppy und dessen Sohn Peppy San Badger (Little

Dieser Junghengst hat den typischen Wiescamp-Kopf

Peppy) erworben, die auch für auswärtige Stuten zur Verfügung gestellt und samt ihrer Nachzucht aggressiv vermarktet wurden. Besonders Peppy San Badger wurde zu einem führenden Performance-Vererber in der Welt. Eine Zeitlang hat auch Dry Doc auf der King Ranch gedeckt.

Die King Ranch-Legende, die auch eine eigene Rinderrasse hervorgebracht hatte, das Santa Gertrudis-Rind, ist zum Ausgang des 20. Jahrhunderts beendet worden. Zu viele Erben hatten keinen Blick für den ideellen und traditionellen Wert und sahen in ihr nur ein Besitztum, das ihnen größtmöglichen Profit abwerfen muß, egal wie. Tio Kleberg, der mit der Ranch und was sie ausmachte verwachsen war, wurde unter Vorwürfen entlassen, die Quarter Horse-Zucht wurde wieder zurückgeschraubt und ist nur noch darauf ausgerichtet, Arbeitspferde für die Kinenos zu liefern, die King Ranch Cowboys. Und auch die Santa Gertrudis-Rinderzucht ist out, kommerzi-

Links: Skipper W. Sein Name wurde für viele zum Synonym für Wiescamp Quarter Horses

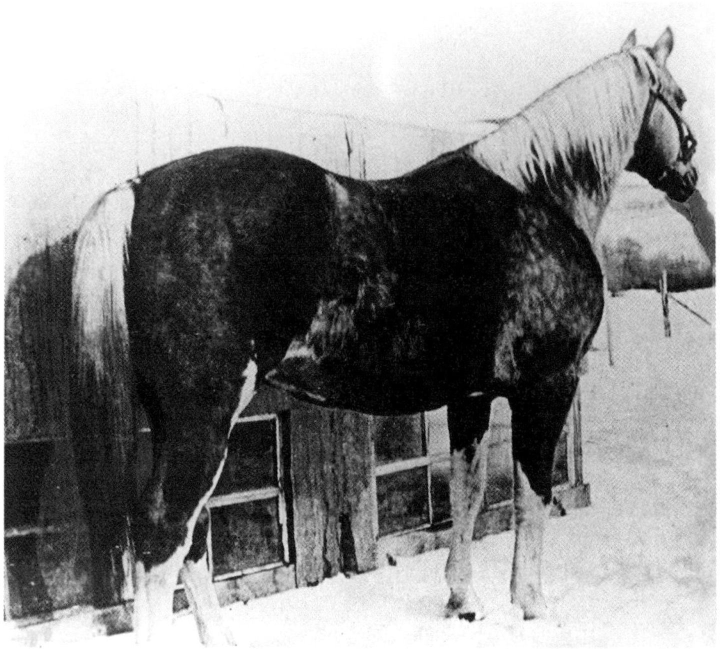

Links: Old Fred – ein Wagenpferd, das von einem Pionier der Quarter Horse-Zucht, Coke Roberds, entdeckt und vom Fleck weg gekauft worden war. Er war ein dunkler Palomino mit viel Weiß und vom Modell und den Bewegungen her seiner Zeit weit voraus

elle Kreuzungsrinder und Lohnmast stehen auf dem Programm. Die King Ranch existiert noch, aber sie ist nicht mehr das, was sie einmal war.

Hank Wiescamp nimmt eine besondere Stellung in der Quarter Horse-Zucht des 20. Jahrhunderts ein. Er hatte sich aus ärmlichen Verhältnissen hochgearbeitet und nur durch seinen Pferdeverstand (und natürlich auch durch Geschäftstüchtigkeit) eine Zucht aufbaute, die nicht ihresgleichen hatte.

Wiescamps Ausgangsmaterial stammte von Coke Roberds und Warren Shoemaker, und der Foundation Sire Old Fred war sein Ideal. Es war sein Ziel, Old Fred-Blut zu konservieren.

Hank Wiescamp hat es verstanden wie kein anderer, seinen Typ Pferd zu züchten und genetisch zu verankern. Dabei hat er sich als ein Meister der Linienzucht erwiesen. Hank Wiescamp war ein Original, witzig, listig, bissig, ungeheuer zielstrebig, ungeheuer tüchtig. Mit seinem Tod hat die Quarter Horse-Zucht vielleicht ihren letzten großen Meister verloren.

Wiescamp Quarter Horses tragen alle Hank Wiescamps Stempel. Sie sind äußerst uniform im Typ und stellen fast eine eigene Rasse innerhalb der Quarter Horse-Zucht dar. Sie sind kompakt und abgedreht, mittelgroß und hübsch, mit starken Ganaschen, kleinen Köpfen und kleinen Öhrchen. Sie haben den Ruf, von der Disposition her nicht einfach zu sein, aber es gibt ein paar Linien, die sich als Performer-Produzenten bewährt haben.

Hank Wiescamp schrieb alles seinen Mutterstuten zu und leugnete eine besondere Bedeutung irgendeines seiner Hengste, aber es ist Skipper W, der ganz klar eine Berühmtheit war und größten Einfluß in der Zucht von Wiescamp Horses hatte.

„Kein anderer Pferdezuchtverband der Welt ist so weit gekommen und dazu so schnell wie die AQHA, und keine anderen Pferde in der Welt werden von so vielen Menschen für so viele Zwecke gebraucht wie American Quarter Horses“

(Aus dem Official Handbook der American Quarter Horse Association)

ANHANG

EINIGE FACHAUSDRÜCKE

ALBINO = Fast weißes Pferd (zwei Kopien des „Creme Genes"; nicht eintragungsfähig bei der AQHA
AQHA World Champion = Sieger einer Disziplin auf der AQHA World Championship Show
AQHA Champion = Auszeichnung der AQHA, verliehen an Pferde, die eine bestimmte Anzahl Points in bestimmter Zusammensetzung errungen haben
AQHA Show = AQHA-Turnier
AQHA Supreme Champion = Auszeichnung der AQHA, verliehen an Pferde, die eine bestimmte Anzahl Points in bestimmter Zusammensetzung errungen haben **Bay** = Hell- oder Rotbrauner
Black = Rappe
Breeder = Züchter
Brown = Dunkel- oder Schwarzbrauner
Buckskin = Gelb- oder Braunfalbe ohne Aalstrich (Brauner mit „Creme Gene"
Chestnut = Dunkelfuchs
Certificate of Registration = AQHA Registrationspapier
Competition = (Show-) Wettbewerb
Cow Sense = Besonderes Talent und Neigung für die Rinderarbeit
Cremello = Fast weißes Pferd (zwei Kopien des „Creme Genes"), nur in dunkleren Varianten eintragungsfähig bei der AQHA
Cutting = Aussondern eines Rndes aus der Herde; Turnierdisziplin dto.
Disposition = (auch: Mind) Interieur, Wesen, Charakter
Dun = Gelb-, Rot- oder Braunfalbe mit Aalstrich
Earnings = Errungene Gewinngelder
English = Englisch; Begriff der Westernreiter für das andere (in Deutschland konventionelle) Reiten
Foundation Sire = Gründerhengst
Foundation Mare = Gründerstute
Futurity = Wettbewerb für Jungpferde eines bestimmten Alters **Gelding** = Wallach
Get of Sire = Nachzucht eines Hengstes, Show-Klasse
Grand Champion = Bestes Pferd einer Geschlechtsklasse in Halter auf einer Show
Grey = Schimmel
Grulla (sprich *gruja*) = Grau- oder Mausfalbe

Halter Class = Turnierdisziplin, bei der die Pferde an der Hand (Halter = Halfter) vorgestellt werden
Leading = führend
Mare = Stute
Offspring = Nachzucht eines Hengstes
Palomino (sprich *Pälominno*) = aufgehellter Fuchs; Fuchs mit „Creme Gene"
Performance = Leistung; gewöhnlich gebraucht für Reitdisziplinen, im Gegensatz zur Halter
Points = Punkte
Produce = Nachzucht einer Stute
Quarter = Viertel
Racing = Rennen
Register of Merit (ROM) = Auszeichnung der AQHA, verliehen an Pferde, die eine bestimmte Anzahl Points errungen haben
Reserve = Vize...
Roan = Eisenschimmel (unveränderlicher Schimmel)
Rodeo (sprich *Rodeo*) = Turnier für Cowboy-

Links: Doc's Hickory, einer der erfolgreichsten Doc Bar-Söhne

Disziplinen, wie Roping, Bronc Riding, Bull Riding, etc.
Roping = Fangen mit dem Rope (Wurfseil, Lasso)
Running Horse = Rennpferd
Short Horse, Short Horse Racing = Kurzstreckenrennpferd bzw. -renen
Sorrel = Rot- oder Hellfuchs
Speed Index = Klassifizierung eines (Renn-) Pferdes nach seiner Höchstgeschwindigkeit
Stallion = Hengst
Superior = Titel der AQHA für Pferde, die in einer Disziplin mindestens 50 Points errungen haben
Transfer = Eintragung des Besitzwechsels im AQHA-Registrationspapier
Weanling = Absatzfohlen
Yard = Ein Yard sind 0,914 m
Youth = Jugend(licher)

ADRESSEN FÜR DEN QUARTER HORSE FAN

American Quarter Horse
Association (AQHA)
1600 Quarter Horse Drive
P.O. Box 200
Amarillo, Texas 79168, USA
Telefon (001) 806-376-4811
http://www.aqha.com
e-mail aqhamail@mailbox.arn.net

Foundation Quarter Horse
Registry, Box 230
Sterling, CO 80751, USA
970-522-7822

National Foundation Quarter Horse Association
POB P, Joseph, OR 97846, USA
541-426-4403, Fax -426-4206
NFQHA@eoni.com

National Cutting Horse
Association
4704 Hwy 377 South
Fort Worth, TX 76116-8805, USA
817-244-6188, Fax -244-2015
ncha@startext.net

National Reining Horse
Association
3000 NW 10th St.
Oklahoma City, OK 73107-5302
USA
405-946-7400, Fax -8410
www.NRHA.com

National Reined Cow Horse
Association
1318 Jepsen, Corcoran, CA 93212
USA
209-992-9396
Deutsche Quarter Horse
Association (DQHA)
Landstraße 7, D - 63939 Wörth
Telefon 09372-5031, Fax -5033

Swiss Quarter Horse Association
Martin Bollinger
Aebnitzhof
CH - 3122 Kersatz/Bern
0041-318120666, Fax -318120665

Austrian Quarter Horse
Association
Sekretariat Brigitte Reiter
Alserbachstraße 18/7. Stock
A - 1090 Wien

National Reining Horse
Association of Germany (NRHA)
Amtsgarten 3
D - 63916 Amorbach
Telefon 09373-7100, Fax -7190

WESTERN HORSE, Fachmagazin für
Westernpferde und Westernreiten
Kierdorf Verlag, Gut Dohrgaul
D - 51688 Wipperfürth
Telefon 02267-2888, Fax -4458
www.western-horse.de
kierdorf-verlag@t-online.de

Unten: Cowboys in New Mexico reiten ihre Quarter Horses nach getaner Arbeit zurück zum Truck, mit dem sie dann zur Ranch gefahren werden

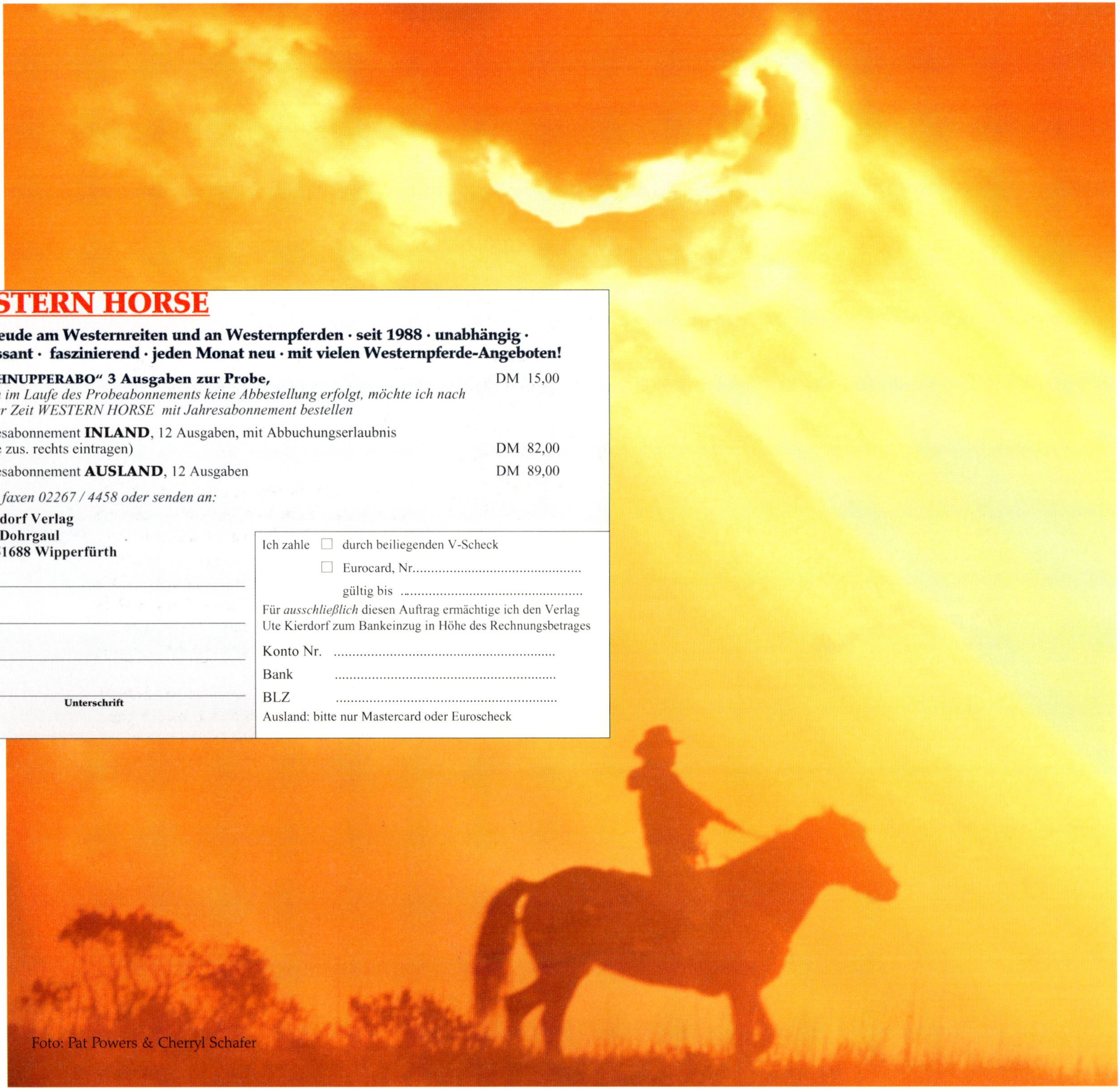

Foto: Pat Powers & Cherryl Schafer

Hardy Oelke ist einer der Pioniere des Westernreitens in Deutschland und ein erfahrener Trainer. Er war vor allem in Reining, Western Pleasure und Western Riding erfolgreich. Ihm gelingt, was vielen guten Reitern oft schwer fällt: Das reiterliche Wissen allgemein verständlich weiterzugeben.

WESTERN TRAINING

Die systematische Ausbildung in der Westerndressur

Von Hardy Oelke
4. Auflage 2000,
DIN A 4, 164 Seiten, mit zahlreichen Abbildungen, brosch.,
DM 39,80,

Unser erfolgreiches Trainings-Buch ist jetzt wieder lieferbar; es behandelt in Wort und Bild jedes einzelne Manöver einer Reining und lehrt darüber hinaus das Westernreiten bis hin zur Auswahl eines geeigneten Pferdes und der Umstellung vom Englisch- auf das Westernreiten. Bekannte Trainer empfehlen ihren Schülern dieses Buch:

Kay Wienrich: „Es wird Schritt für Schritt erklärt, wie man ein Pferd an die schwierigen Manöver (einer Reining) heranführt. Dieser Weg wird durch anschauliche Skizzen und hervorragende Fotos dem Leser detailliert verdeutlicht."

Volker Laves: „Dieses Buch wird ein Standardwerk für alle Westernreiter werden. Ich werde meinen Reitschülern dieses Buch besonders empfehlen."

Roger Kupfer: „Dieses Buch wird in seinem Umfang und seiner Vielfalt der modernen Westernreitlehre voll gerecht."

LEGENDEN

Quarter-Horse Gründerhengste und -stuten

Von Diane C. Simmons, übersetzt von Hardy Oelke
DIN A 4, 167 Seiten, viele s/w Abbildungen,
fest gebunden, DM 62,-

Dieses faszinierende Buch erzählt die Geschichte der wichtigsten Pferde, denen in der Quarter Horse-Zucht eine Schlüsselposition zukommt. Jedes Kapitel stellt eins dieser Pferde vor, erzählt seine Geschichte, zeigt viele Bilder und ein ausführliches Pedigree und nennt die Summe der Performance Records dieses Pferdes und seiner Nachzucht.

VIDEOS: WESTERNREITEN

Westernreiten I - Grundlagen

Von Hardy Oelke, Länge ca. 40 Min., DM 98,-

Faszination Westernreiten - worauf kommt es dabei an? Wie kann ein Pferd mit nur einer Hand gelenkt werden? Wie sieht der korrekte Sitz aus? Wie werden Zügel- und Schenkelhilfen korrekt gegeben? Das Video erklärt systematisch die Zielsetzung, Hilfengebung und den korrekten Sitz, sowie Grundlegendes zum Aufsatteln, über den Westernsattel, über Gebisse und über die häufigsten Fehler.

Westernreiten II - Reining

Von Hardy Oelke, Länge ca. 40 Min., DM 98,-

Galoppzirkel, Speed Control, Flying Changes, Stops, Roll Backs, Spins - Reining ist Westernreiten pur und steht mit ihren unterschiedlichen Manövern u. Anforderungen im Mittelpunkt dieses Videos: Worauf muß man bei den einzelnen Manövern und der Gesamtausführung einer Pattern achten? Was will der Richter sehen? Welches sind die häufigsten Fehler? - Ihre Leistung in der Reining-Prüfung wird sich entscheidend verbessern!